ensaios íntimos e imperfeitos

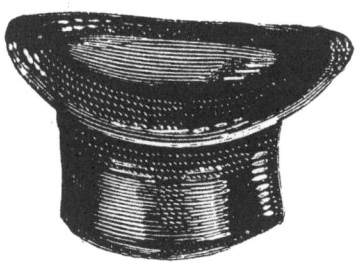

Luiz Antonio de Assis Brasil

ensaios íntimos e imperfeitos

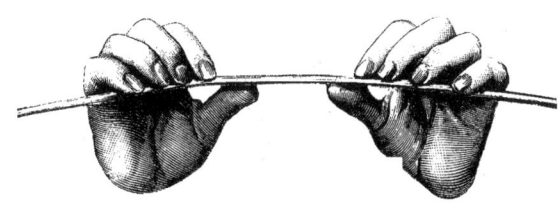

L&PM EDITORES

Projeto gráfico e capa: Ivan Pinheiro Machado
Revisão: Elisângela Rosa dos Santos

CIP-Brasil. Catalogação-na-Fonte
Sindicato Nacional dos Editores de Livros, RJ

B83e   Brasil, Luiz Antonio de Assis, 1945-
Ensaios íntimos e imperfeitos / Luiz Antonio de Assis Brasil.
– Porto Alegre, RS: L&PM, 2008.
136p. : il.
ISBN 978-85-254-1820-3
1. Ensaio brasileiro. I. Título.

08-3665.   CDD: 869.94
                    CDU: 869.134.3(81)-4

© Luiz Antonio de Assis Brasil, 2008

Todos os direitos desta edição reservados a L&PM Editores
Rua Comendador Coruja 314, loja 9 – Floresta – 90.220-180
Porto Alegre – RS – Brasil / Fone: 51.3225.5777 – Fax: 51.3221-5380

Pedidos & Depto. Comercial: vendas@lpm.com.br
Fale conosco: info@lpm.com.br
www.lpm.com.br

Impresso no Brasil
Primavera de 2008

Para Valentim, ao nascer.

SUMÁRIO

Prefácio. / 9

Palavra. / 11
I   Das primeiras palavras. / 13
II Das insuficiências da palavra. / 15
III Das palavras perdidas. / 17
IV Dos verões, dos invernos. / 20
V Dos rituais. / 22
VI Das letras. / 25
VII Das repetições. / 28
VIII Sobre o escrever. / 30
IX Das formas de dizer. / 33
X Das últimas palavras. / 36

Tempo. / 39
I   Do passado. / 41
II Dos antigos. / 44
III Do que passa. / 46
IV *Tempus fugit*. / 49
V Da velhice. / 52
VI Do esquecimento. / 54
VII Do momento. / 57
VIII Das horas do dia. / 60
IX Da espera. / 62
X Do destino. / 65

	Geografias secretas. / 69
I	Dos interiores das coisas. / 71
II	Dos lugares. / 74
III	Do pó. / 77
IV	Dos exteriores das coisas. / 79
V	Dos pontos cardeais. / 82
VI	Do sistema solar. / 84
VII	*De horror vacui.* / 87
VIII	Dos limites. / 90
IX	Dos parques, das igrejas, dos quartos. / 93
X	Das ruínas. / 96

	Não-saberes. / 99
I	*De res varia.* / 101
II	Da alma. / 104
III	Dos males corpóreos. / 107
IV	Do vôo. / 110
V	Do respirar. / 113
VI	Do corpo. / 115
VII	Do desejo. / 118
VIII	Da sabedoria. / 121
IX	Do costume. / 124
X	Dos desconhecidos. / 126

Prefácio.

Estes pequenos ensaios são o resultado de pensamentos íntimos que, por íntimos, serão imperfeitos.

Não devem ser de imediato aceitos; mas, se aceitos, não devem ser entendidos como categóricos.

Se entendidos como categóricos, devem ser esquecidos.

Palavra.

CAPÍTULO I

Das primeiras palavras.

≈ A primeira palavra de uma criança é aguardada com esperança, com amor. Ao primeiro balbucio, pensarão ouvir mamã, papá. Em alguns casos, a criança apenas exercitará a delícia de sua própria voz.

Alguns manterão por toda a vida esse enlevo por si mesmos.

≈ As tias velhas contavam que a primeira palavra do infante foi "água!". Como eram surdas, poderia ser isso ou qualquer outra coisa.

A mãe sorria. Ela possuía dentes alvíssimos e frios. Venerava uma hagiologia pessoal regida por Santo Antônio de Lisboa. Para ela, o filho dissera "salve Santo Antônio".

Assim o adulto crê. Deseja crer.

ಊ A real primeira palavra, a verdadeira, é jogada ao silêncio, ao vazio, ao nada. Não há ninguém por perto. Um descuido da babá, da mamã, da vovó, e a criança diz a palavra secreta. A criança irá escondê-la dos outros e de si mesmo por toda a vida.
É a palavra que irá dizer antes de cerrar os olhos.
E todos julgarão ser a última.

ಊ Certo menino do antigo Egito não falava. Seus pais julgavam-se infratores de alguma lei. Consultaram um sacerdote da religião reformada, o qual olhou para o Sol-Aton, o deus criado pelo herético faraó Akhenaton. Cego de luz e inundado pelo espírito da divindade, o sacerdote disse aos pais que o menino falaria. Esperassem.

Esse menino errava pelas margens do grande rio, olhando as barcaças que subiam a corrente.

As barcaças levavam pedras colossais para a cidade de Akhetaton. O menino apenas apontava mudamente para as barcaças.

Quando soube do massacre dos sacerdotes da anterior religião, o menino sentou-se numa pedra e pôs-se a falar, a falar, e assim falou sem parar contra a injustiça – até que a imensidão de sua fala fez morrer o herético Akhenaton.

Eis o poder das primeiras palavras.
Eis uma lenda que deveria existir.

CAPÍTULO II

DAS INSUFICIÊNCIAS DA PALAVRA.

❧ Cada vez que uma criança olha e diz: "Isso é uma laranjeira com flores", essa árvore torna-se toda nova, toda plena de seiva e folhas. Produzirá os frutos esperados, terá novas estações a cumprir. Impor-se-á, com sua fortuna botânica, ao conhecimento dos homens. Participará, com sua frondosa vegetalidade, da saga humana, animal e mineral sobre a Terra. Não morrerá, a não ser nos livros escolares que explicam o ciclo das árvores.

Aquela criança, ao dizer "Isso é uma laranjeira com flores", faz surgir, numa geração operada por seu recente pensamento, a inédita trama de circunstâncias e efeitos que por si mesma irá mover-se.

O verbo da criança, em sua energia seminal, faz nascer os frutos.

❧ O velho, ao olhar para a mesma árvore, não dirá nada. Seu pensamento sempre será mais amplo e mais profundo do que suas palavras. Ele terá incorporado tantos sentidos a uma mesma palavra que, afinal, por múltipla e ambígua, ela será evitada. Se a palavra "flor" um dia significou-lhe o maricá, o jasmim, o copo-de-leite, o gerânio, o hibisco, algo nítido a ser visto num jardim festivo, hoje pode evocar-lhe a morna saturação aromática dos velórios. O velho abandonou o hábito de dizer a palavra "flor". O pensamento substituiu a palavra. O pensamento do velho só entende as coisas em suas modulações.

❧ O grande fotógrafo-retratista do século XIX foi Félix Tournachon, dito Nadar. Era francês. O prédio de seu estúdio comercial em Paris ainda está lá, no Boulevard des Capucines, perto da Ópera Garnier. Na calçada, um homem vende falsas gravatas de seda a um casal de brasileiros.

Nadar não precisou de palavras para apresentar seus modelos à posteridade. Ele usava um truque ao fotografar: para que a pessoa mostrasse o que desejava ser, pedia que inspirasse: clic. Quando queria retratar a pessoa naquilo que possuía de mais genuíno, de mais verdadeiro, ainda que fosse seu mau-caráter, pedia que expirasse: clic.

E assim imobilizaram-se, inspirando ou expirando, as almas mais profundas de Victor Hugo, D. Pedro II, Sarah Bernhardt, Alexandre Dumas, Rossini, Baudelaire. Belas imagens de Nadar: estamos muito, muito longe da arrogante insuficiência da palavra.

CAPÍTULO III

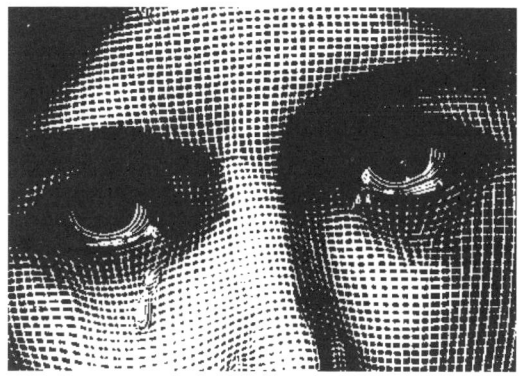

Das palavras perdidas.

  🙠 Mariana Alcoforado, dama do Alentejo, ao perder seu amor, levado embora pela guerra, pelo desconsolo, pela perfídia, pela mesquinhez, pelo medo e pela covardia – ou simples acaso –, decidiu que sua perda seria o seu maior ganho. Seu amor era um oficial do exército francês, bastante frívolo. Dela não ficou nenhum retrato; dele, há um homem de peruca barroca, ornado por fitas e condecorações. Leva uma espada ao flanco. Os saltos de suas botas são vermelhos: ele pertence à melhor nobreza.

  A vida de Mariana Alcoforado ganhou plena existência depois dessa perda. Antes, era uma simples mulher que amava, e isso fazia com que fosse igual a todas que amaram os oficiais franceses em serviço no país. Todas foram abandonadas, mas enquanto choravam lágrimas, Mariana Alcoforado escolhia palavras. Escreveu a seu amado cinco cartas de ódio e paixão amorosa. Embaralhou as palavras com tanta sabedoria que se encantou com sua capacidade de escrever. Sua correspondência com o Cavalheiro de Chamilly é estudada pelos eruditos universitários e lida pelos amantes.

Abandonada, Mariana Alcoforado rejuvenesceu; sua mente brilhou, tal como a fome desperta a inteligência. Pela via da literatura, ela assegurou seu lugar na memória dos homens.

Se porventura seu amado voltasse de joelhos e arrependido, Mariana Alcoforado, ela que lhe escrevera "estou condenada, cruel, a adorar-te por toda a vida", dar-lhe-ia as costas e lhe enviaria uma carta: "Perde-te de mim, deixa-me feliz em minha desgraça".

E retornaria em paz à sua cela de religiosa na clausura do Convento de Nossa Senhora da Conceição, em Beja, onde vivia desde os onze anos.

&As pessoas dizem que perdem o tempo justamente quando o ganham para suas reflexões, para seu entendimento do mundo, para contemplação de um lençol pendurado no varal quando o vento o excita. Ninguém perdeu o tempo que julgou perdido. Nele, com seu inesperado acontecer, estamos dispostos a tudo, desde pensar um sistema filosófico até descobrir a melhor maneira de atar os cordões dos calçados.

&Por delicadeza / perdi minha vida [*Par délicatesse / j'ai perdu ma vie*], palavras de Rimbaud no poema *Canção da mais alta torre* [*Chanson de la plus haute tour*].

Ele, um mestre da delicadeza, consagrou a metade final de sua vida à rude aventura do Oriente. Foi capataz de uma pedreira em Chipre. Traficou armas. Dedicou-se, na Etiópia, ao comércio escuso de peles e de café. Sentiu o calor africano. Suou, manchou sua camisa.

Fez-se fotografar numa pose brutal, cercado pela selva. Veste-se de branco. O tecido está com nódoas de suor. Seu olhar é ameaçador.

Na foto, ele parece um bandoleiro.

Se por delicadeza perdera sua vida, só na sordidez a reencontrava. Isso foi preciso para que se considerasse, enfim, um ser humano.

CAPÍTULO IV

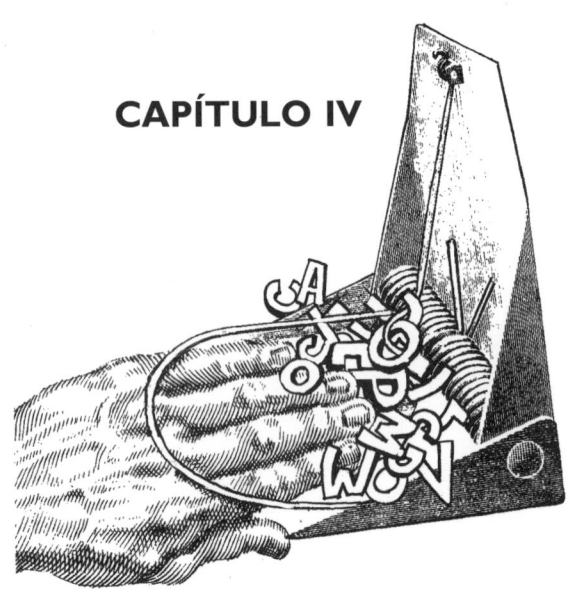

Dos verões, dos invernos.

ತಿ O antepassado masculino, comum a todos os homens, viveu há 59 mil anos; a avó comum a todas as mulheres – e homens – viveu há 150 mil anos. Em suma: nossa avó é muito mais velha do que nosso avô. É a tremenda antigüidade das mulheres que lhes dá sua sabedoria e sua palavra. Talvez isso faça com que não morram. Explica-se, portanto, o fato de existirem apenas viúvas. Não há viúvos. Se por absoluta exceção um homem atinge esse improvável estado, logo procura desfazer-se dele, ou pela morte ou pelo casamento.

ತಿ Só os homens almejam a imortalidade. Nenhuma mulher já disse: "Quero me imortalizar". Essa é uma veleidade masculina. Mas há outras diferenças.

ತಿ No final do verão, a meteorologia, que é governada por forças entendidas por astrólogos e meteorologistas, afoga a cidade em pântanos de água e ondas de calor nauseante. Não nos reconhecemos nas ruas. Transformados em seres trôpegos, caminhamos como autômatos. Mas as glicínias nunca estiveram tão vitais. A videira da frente amadureceu da noite para o dia seus verdes grãos, que passaram a refletir a luz como estilhaços de cristal. O calor, embora sua vocação diabólica, também é razão do florescimento da natureza. Por isso, o fogo está sempre associado à paixão, desde as futebolísticas até aquelas bem pequenas, que nos fazem ler um livro sem parar. Ao fecharmos esse livro, olhando-nos ao espelho, veremos uma face que os antigos denominariam: "afogueada".

ಊ Sacerdotes espanhóis, ao longo do rio Orenoco, em pleno século XVIII, pregavam aos índios. Como as palavras "infierno" e "invierno", na língua espanhola – e na nossa – se parecem muito, os índios pensavam que se fossem condenados ao "inv[f]ierno", estariam para toda eternidade submetidos a tremendas chuvaradas – dado que o mau tempo é a constante do inverno naquelas paragens. Já quando os bons padres falavam em fogo e labaredas, os índios não entendiam mais nada.

Palavras são armadilhas. Os escritores sabem disso; assim também sabem os músicos, condenados a seus instrumentos. Os instrumentos podem ser muito traiçoeiros, por vezes inventando notas onde elas não existem e subtraindo outras à bela completude de uma frase musical de Mozart.

A palavra, esta, sempre é enganadora: a prova é a existência dos dicionários.

CAPÍTULO V

Dos rituais.

ಸ Há 40.000 anos, o *Homo sapiens* viu a morte no rosto de seu filho. Amparou o pequeno corpo entre os braços. Soprou-lhe nas narinas para devolver-lhe a vida. Aquela imobilidade do seu filho, ele nunca a tinha visto.

O *Homo sapiens* decidiu, pela primeira vez, e por toda a humanidade depois de si, que a vida não poderia terminar com seus mortos jogados às aves de rapina.

Então chamou os outros, ensinou-lhes a chorar lágrimas que não decorriam de qualquer dor do corpo. Tristes, os outros o ajudaram a cavar com as mãos, com pedaços de pau, com pedras afiladas, até que na areia havia uma cova do tamanho e do formato de uma criança morta.

Deitaram-na na cova, como se fosse uma semente.

Sobre ela depuseram punhados de terra, com vagar e compaixão, até que nada mais enxergaram.
Era tudo muito estranho.
Sentados à volta, aguardaram o nascimento de uma nova criança.
O passar dos dias, no entanto, lhes ensinou que ali tudo acabara. Mas também souberam, e para sempre, que a nova vida estava em outro lugar.
Chamaram a isso de alma.
Séculos depois, Paulo iria escrever, preciso e poético: *Morte, onde está tua vitória?*

❧ Peanha, retábulo, galhetas, âmbula, custódia, baldaquim, pálio, umbela, amito, sobrepeliz, opa, alva, manípulo, ostensório, patena, naveta, turíbulo, incenso.
São palavras tão raras e sonoras que são novas, prontas a instituírem um novo rito.

❧ Sei Shônagon era dama da corte da rainha Teishi. Era letrada. Era poeta. Como em todas as cortes, a corte da rainha Teishi vivia submetida a mesuras e rituais.
Naquele tempo, a vida era delicada e inflexível.
No século XI, vivia-se a idade de ouro da literatura japonesa. Era um período de paz e de cultivo das artes. Era o auge da época Heian. A outrora cidade-capital hoje é chamada de Kyoto.
Sei Shônagon possuía um caderno de notas. Escrevia deitada, no quase-sono que antecede os refinados sonhos das mulheres. Dela temos as *Anotações de cabeceira* [*Mákura*

no sôshi]. São 162 poemas que ela classificou pelo gênero das sensações que lhe provocavam.

  Coisas que não servem para nada, mas que lembram o passado:
  Um trançado de flores, velho e gasto, cujas pontas estão em farrapos.
  Um pinheiro seco, no qual se enrosca uma glicínia.
  No jardim de uma bela casa, um incêndio queimou as árvores. O tanque, entretanto, preservou seu aspecto primitivo; mas foi invadido por nenúfares e ervas aquáticas.

  E ainda:

  Coisas que às vezes escutamos com emoção maior do que a comum:
  O ruído das carroças, de manhã, no primeiro dia do ano.
  O canto dos pássaros.
  No amanhecer, o ruído de uma tosse e, naturalmente, o som dos instrumentos musicais.

  O único ritual em que Sei Shônagon acreditava era o da sua incessante, compulsiva e diária poesia.
  À frente da rainha Teishi, ela baixava os olhos e se curvava.
  Sob o leque, o fugidio sorriso.

CAPÍTULO VI

Das letras.

     Não só os nomes das pessoas ou países; a língua alemã escreve em maiúscula também a letra inicial das coisas comuns: Árvore, Caminho, Nuvem, Raio. Lembram as ornamentais letras capitulares das iluminuras góticas.

     As coisas comuns, assim engrandecidas, sobreviverão às pessoas.

     E é verdade.

     Palavras são animaizinhos perdidos na selva.

     Palavras são pequeninas, vergadas sobre si mesmas, quase nadas. São milhares e tão poucas para dizer aquilo que o escritor tanto deseja. Inútil é a tentativa de fazê-las nossas. As palavras, aos milhares, não pertencem a ninguém e, em sua humildade, exercem tirania sobre todos.

É preferível enfrentar o enigma do Nada Absoluto. Dele nada esperamos.
Das palavras, inutilmente e sempre, tudo.

❧ No gabinete do leitor há uma escrivaninha e, sobre ela, um livro. O marcador de páginas está a meio da leitura. O leitor parou na página em que há uma palavra circundada. Essa palavra não existe no dicionário. Essa palavra não pertence a nenhum reino conhecido.
O leitor não seguirá adiante se não decifrar essa palavra.
Assim ele ficará, sem nada ler, até que a morte o surpreenda.
É o momento em que tudo será revelado: o sentido da vida e a semântica de todas as palavras.
Depois disso, muito tempo passará. Talvez a eternidade.
O livro, o resto do livro, aquele resto que ficou, será lido por um anjo doutoral, sabedor que é de todas as palavras.

❧ Dicionários são livros que aprisionam as palavras. Aprisionando-as, elas se tornam domesticáveis. Acabam por adquirir sentidos: nem sempre os que desejamos naquela hora de escritura da frase.

❧ Em sua inesgotável potência sexual, Júpiter possuiu muitas mulheres, sob as formas que sua fantasia inventava. A metamorfose mais delirante ocorreu com Maia. O rei dos deuses assumiu a forma de flocos de ouro que encheram o cálice de Maia. Depois de bebê-lo, ela foi tomada de um prazer violento, explosivo, arrasador. Então adormeceu, exausta. Sua testa porejava gotículas de ouro. Sua respiração emanava o perfume das castanhas.

Ao acordar, soube que estava grávida.

Dias mais tarde, teve um sonho: dava à luz um ramo de louro, o qual, lançando-se à terra, gerou uma árvore que logo se cobriu de flores e, depois, de frutos. Era belo ver.

Intrigada, Maia consultou o adivinho e filósofo Titus Lucretius Carus. Ele, interpretando o sinal, disse-lhe: "Você terá um filho, que não será um governante, mas irá tornar-se famoso como poeta ou artista, pois a ele serão dados os dons de Apolo. Depois de seu nascimento, você irá dar-lhe por professor o mais famoso dos poetas".

O filho que nasceu era Virgílio.

Maia cumpriu o conselho de Titus Lucretius Carus. Virgílio aprendeu a arte de escrever poesia com um professor. Escreveu *As bucólicas* e a *Eneida*. Tornou-se guia de todos que vieram após ele.

Mas ele, chamado *O Divino*, precisou de um mestre.

Todos os poetas têm professores – há mais de dois mil anos. A palavra literária não nasce com o homem. Ele a aprende.

Até o filho de um deus necessitou aprender.

CAPÍTULO VII

DAS REPETIÇÕES.

❧ O que se repete é o que sempre volta: assim pensamos. Imaginamos que volte sempre igual. É uma falácia: as aves de arribação, que na primavera deste Hemisfério vemos aos bandos a voar em direção ao Sul, não são as mesmas que subiram às latitudes setentrionais em maio.

O sabiá que hoje cantou em nossa janela não é o mesmo do ano passado.

Isso são platitudes. No entanto, verdadeiras.

❧ O mágico do circo, a cada vez que repete sua mágica, algo lhe diz que ele perde um pouco de sua habilidade.

Suas mãos, a cada dia mais lentas e tomadas pela artrite, fazem com que a mágica fique mais vil, mais barata, mais patética.

Um dia, as crianças passam a gritar e a exigir os palhaços.

৵ Para designarem o ensaio teatral, os franceses dizem "répétition". Sábia palavra. Se, para nós, cada gesto repetido do ator é o ensaio do gesto definitivo a ser realizado ante o público, para os franceses trata-se de uma série de repetições.

E assim nunca uma peça teatral estará pronta. Mesmo ao ensaio geral chamam de *répétition générale*.

A Vida nunca está pronta. Nada está pronto.

Repetir um gesto, uma hora de dormir, certa maneira de folhear um livro, o modo de vestir uma camisa ou de repetir uma idéia – mesmo que não acreditemos mais nela – tudo são experimentos para disfarçar nosso desamparo perante a morte.

৵ Damos nomes às coisas para encarcerá-las no tempo.

Assim fazemos com os recém-nascidos.

Assim os escritores dão títulos a seus livros: para que não se percam numa série infindável. Para que não desapareçam de nossos olhos. Para que nunca se repitam.

Essa é a soberba humana – sempre repetida.

CAPÍTULO VIII

Sobre o escrever.

&. Escrever um romance é tomar o arco de uma vida inventada e cortá-lo em dois pontos. Chamamos ao primeiro ponto de "Capítulo I" e, ao segundo, de Fim – The End. Começo e fim: arbitrariedade, sonho, devaneio. Na vida e na história coletiva dos homens, não há inícios. A vida de alguém não começa com o nascimento, mas antes, na multiplicação de uma célula. Num método narcisista – como se ante um espelho – a célula se duplica, quadruplica, eleva-se à enésima potência, erige-se à condição de ser humano. Mas nem aí temos o começo, pois o átomo que forma meu pâncreas existe desde o *big bang*. E a vida de alguém não termina com a morte. As células darão origem a matérias minerais e biológicas – para ficarmos apenas no território da animalidade.

A Revolução Francesa começa, em alguns manuais,

com Rousseau e termina com a coroação de Napoleão Bonaparte. Assim os começos e finais dos romances: são arbitrários.

ಳು Uma história de amor não tem começo. Isso apenas acontece na imaginação dos romancistas e nos cérebros apaixonados: *Os amantes são loucos* [*Amantes amentes*], disse Terêncio.

O amor instantâneo tem a ver apenas com a preservação da espécie. O que depois sucede é misto de refinamento, diplomacia conjugal, sensibilidade, exercício da palavra.

Uma história de amor absurdo também não tem fim. Ela permanece em algum lugar da memória, como uma impostura. Pascal, fragmento 262 dos *Pensamentos* [*Pensées*]: *Tudo que é incompreensível não deixa de existir*. [*Tout ce qui est incompréhensible ne laisse pas d´être.*]

ಳು Uma personagem não é uma pessoa.

A personagem surge no fio de um lápis, são palavras. Palavras não constituem uma pessoa. Palavras têm existência convencional e utilitária.

A natureza das palavras é ter mudada sua essência ao sabor das épocas. Já o ser humano é o mesmo desde sempre.

Uma personagem não é uma pessoa – basta o autor escrever: "O imperador Júlio César foi assassinado" para que Júlio César se transforme numa personagem.

O autor pode até voltar atrás e, por desfastio, escrever que Júlio César escapou ao punhal de Brutus. Será igualmente verdadeiro.

❧ Não são palavras: a dor intestinal, a dificuldade em calçar um sapato, a eructação, as convulsões orgásticas, as eliminações naturais.

❧ Um escritor passou a registrar seus dias, desde o amanhecer à noite. Foi um rosário de mal-estares. Passou então a inventar seus registros, fazendo-os agradáveis: suportados pela palavra, tornaram-se ficcionais, isto é, verdadeiros.

❧ A sela pertence ao cavalo; a chuva, às nuvens; a bola, ao jogador; a bicicleta, à criança; o juízo, ao sábio; os alvoreceres, à rotação da Terra; o guizo, ao gato; o cão, a seu possuidor; o remo, ao barqueiro.
O escravo pertence a seu dono.
A personagem, a seu autor.

CAPÍTULO IX

Das formas de dizer.

૱ Muita palavra nos falha quando temos certeza de possuí-la, gravada em nossa memória para sempre. Não serão palavras raras; são: dedal, padiola, visco.

Essas palavras são nossas inimigas, são infiéis. Falham-nos.

Numa gentilíssima compensação, a memória oferece-nos: alabastro, rádica, pérgola.

૱ Em épocas perdidas da Humanidade, na invenção da linguagem, as palavras eram tão poucas, tão necessárias, que o seu esquecimento poderia significar a morte. Para o *Homo sapiens*, esquecer a palavra "tigre", quando a fera vinha em seu encalço, era o mesmo que ser devorado. Saber a palavra "tigre" era adquirir certo domínio sobre o tigre, certa ascendência, certa honra salvadora.

Com o desenvolvimento da civilização, as palavras multiplicaram-se, enriqueceram suas possibilidades, projetaram-se num abismo de significados.

A dignidade única da palavra exata foi substituída pela degradação dos pseudo-sinônimos. Se isso possibilitou a poesia, também fez surgir a mentira, causa dos impérios sanguinários.

As coisas só podem ser ditas de um modo. Retábulo, por exemplo.

❧ O *Homo sapiens*, bem nos inícios de sua aventura na Terra, não possuía memória do passado e ignorava a idéia de futuro. Ao falar com seus semelhantes, conjugava apenas o tempo Presente do Modo Indicativo.

❧ Maravilhou-se o primeiro homem a escrever uma palavra. Com a alma arrebatada, ele passou a escrever por toda a vida a mesma palavra. O xamã declarou-o possuído pelos demônios.

Os espeleólogos e antropólogos, milênios depois, não conseguem entender um conjunto de sinais repetido nas paredes de certas cavernas.

❧ As palavras escritas na superfície de um papel, se deixadas nas silenciosas trevas da gaveta, acabam se comunicando, concertando sua sintaxe, tais como os melões postos na carroça. No passar dos dias, as palavras criam novas realidades, que surpreendem a nós, que as escrevemos. Depois de um ano há, ali, um escrito completamente novo.

Publicá-lo como nosso é, sempre, um estelionato.

❧ A melhor literatura é a feita por aquela jovem que diz ao professor de criação literária: "Mestre, aqui está o que escrevi. É péssimo. Dá-me a impressão de que foi outro que escreveu".

Esse Outro é ela mesma.

É o Outro que está nela, um Outro de existência tão literária que a faz pensar que nela habita alguém diferente de si.

CAPÍTULO X

DAS ÚLTIMAS PALAVRAS.

∽ O Imperador Maximiliano, o idealista, o trágico, o ingênuo e loiro Habsburgo, aceitou o trono do México pelas manobras pérfidas de Napoleão III. Maximiliano quis o melhor para o país. Ele levou para o México sua alma e sua esposa Carlota. Levou os séculos de uma ilustre dinastia. Levou seus livros. Levou sua impossibilidade sexual. Levou o pó da Europa.

Derrotado pelas forças militares de Benito Juárez, foi preso e, em Queretaro, levado ao pelotão de fuzilamento.

Depois da carga fatal, tombou para frente. De seus lábios saiu apenas um murmúrio, uma palavra: *Hombre!* Foi sua última palavra, até hoje indecifrada. Não importa: para honra de sua memória, pronunciou-a na língua castelhana, a de sua nova pátria. Todos o perdoariam se a dissesse em alemão: afinal, ante a morte ninguém atraiçoa a língua de seu berço.

Enquanto isso acontecia, a Imperatriz Carlota penetrava para sempre nas brumas da mente. Sobreviveu sessenta anos ao marido. Por piedade, mandaram-lhe fazer um boneco que imitava o falecido esposo.
Ela o chamava, com todo carinho, de Max. Em sua demência, ela foi a única mulher que o entendeu. Talvez ela soubesse explicar aquela última palavra do Imperador.

&~ Nós, brasileiros, também assassinamos um Imperador. A execução aconteceu a 15 de novembro de 1889; decorreu uma agonia de dois anos, findos os quais D. Pedro II era apenas um vulto que aparecia à janela de seu módico quarto de hotel em Paris. Estava magro e esquecia-se das coisas. Esperava pela morte. Da vidraça, ele via o movimento da Igreja da Madeleine. Suas mãos tremiam de frio, de viuvez, de saudades do Brasil, de fraqueza.

Ele olhava para a igreja em que aconteceriam suas exéquias, às quais, crudelíssimo, não compareceria nosso republicano e positivista embaixador na França.

O cérebro destruído de D. Pedro II não pôde sequer proferir algumas palavras para a História.

Culpa e vergonha: assassinamos um homem velho e enfermo.

Nem o presente nos absolve desse crime.

&~ Depois de uma longa existência, Mestre Takuan morria.

Um aluno perguntou-lhe qual seria sua última vontade. Takuan respondeu que não tinha nenhuma última vontade.

– Mas Mestre, não tendes nada a dizer?
– A vida... – ele então disse, apenas para contentar seu aluno – ...não passa de um sonho. – Foram suas últimas palavras.

E dormiu.

Agora, e para sempre, os pesadelos de Mestre Takuan são com a vida.

&ẽ Os animais, próximos da morte, não emitem nenhum som. Entregam-se a ela como se fosse um alívio e, portanto, nada a comentar.

Os seres humanos, nos últimos momentos da vida, e desde que existe a cultura livresca, e dependendo do grau de erudição, perenizavam-se em frases que teriam o dom de torná-los imperecíveis. Passavam, assim, a aumentar os *faits-divers* dos jornais. Eles, de modo literal, davam suas vidas por isso.

Hoje, as últimas palavras caíram de moda: ninguém mais acredita na morte, pois ela, como se sabe, acontece apenas aos outros.

Daí que só conhecemos as últimas palavras de pessoas muito, muito antigas.

Tempo.

CAPÍTULO I

Do passado.

❧ Matsuo Bashô:

Sobre um ramo despido
pousam corvos.
Tarde de outono.

Impossível maior pureza e essencialidade. Isso é coisa para um deus antigo. Ou para o poeta que é meu vizinho, que agora vejo a varrer as flores caídas das paineiras.

❧ Para avaliar o mundo, só podemos contar com o tempo do mundo. Para avaliar quem somos, só podemos contar com nosso passado. Esse passado, sob benevolente lembrança, oferece a medida para julgar nossas ações atuais. A melhor forma de nos perdoarmos da ação perversa que praticamos hoje, ação metafisicamente perversa, judiciariamente perversa, é evocar o Outrora, quando éramos bons.

ᚾ Tal como o nosso, o passado alheio é objeto de sonho, ainda que nele encontremos uma folha-corrida policial: o que conta é o imediato conceito que estabelecemos ao conhecermos uma pessoa. Se for uma boa impressão, o seu passado será belo. Se, ao contrário, a impressão for má, tudo faremos para recheá-lo das mais inomináveis ações – ainda que verdadeiras.

ᚾ Não há originalidade na personagem de Kafka. Milhares de pessoas, às segundas-feiras, acordam transformadas em monstruosos insetos.

ᚾ Herdamos do latim duas perturbadoras formas verbais da terceira pessoa do singular do verbo *ser* [*esse*]: *era* [*erat*] e *foi* [*fuit*]. Quando falamos sobre alguém no passado, podemos dizer, por exemplo: "Garrincha era [*erat*] um bom jogador". Isso é bem diferente de "Garrincha foi [*fuit*] um bom jogador". Esse "era", esse Pretérito Imperfeito, coloca Garrincha num tempo mítico que se prolonga ao presente e ao futuro. Já o "foi", no irrepetível Pretérito Perfeito, imobiliza a pessoa numa vitrine, junto aos animais empalhados e às conchas fósseis.

ᚾ Nenhum homem diz: "Sou velho". Ele dirá: "Estou velho". Alguém não "é" velho; ele sempre "estará velho". Essa singularidade da língua portuguesa, esse desdobramento de um verbo em dois ["ser" e "estar"] abre, ao velho, a possibilidade de ser outro já no minuto seguinte. A velhice torna-se suportável e, talvez, provisória, agindo como um cosmético capilar.

Quanto ao verbo "ser", este pertence aos jovens: "Sou jovem". Essa forma verbal faz com que os jovens o sejam para sempre.

CAPÍTULO II

DOS ANTIGOS.

୨ Antepassados desconhecidos estão em nossa pele. Estão em nossas almas. Estão em nossos pensamentos subterrâneos e em nosso sangue. O ideal é olhá-los num retrato; é melhor do que perdê-los na invisibilidade atemporal das eras. Num retrato, os antepassados se familiarizam, ganham nome, lugares, datas, efemérides, ganham um tempo. Podem ser mostrados a uma visita, que acompanhará as identificações que fizermos.

୨ Tens o retrato de um antepassado na parede, tamanho natural. Um retrato a óleo, que te acompanha desde a juventude. O retrato de um velho. Jamais chegarias à idade desse senhor. Ele era muito velho.
Tu cresces em idade e experiências.

Num certo dia, as rugas do retrato tu as descobre em teu próprio rosto. Ao mesmo tempo, percebes que teus cabelos, já grisalhos, estão iguais aos do velho. Num dia, ultrapassas a idade do velho. Digamos: tornas-te antepassado dele – com todas as conseqüências desse irrepetível estado. Achas-te mais sábio, mais justo, mais poderoso, mais magnânimo.

Frente ao espelho, entretanto, é difícil acreditar nessa inesperada metamorfose.

❧ Os romanos tinham um altar, na casa, no qual eram colocadas as efígies que retratavam seus antepassados. Rendiam-lhes cultos. Eram os deuses manes. Por vezes, os romanos vinham rezar ali.

Hoje, os retratos fotográficos dos avós vão para caixas de sapatos. Um dia, nada mais significam. Recolhidos pelo lixo reciclável, tornam-se matéria-prima do papel em que serão fixadas imagens de seus descendentes.

Mas, por favor, não nos deixemos tentar por idéias prontas: isso *não é*, mais uma vez, o eterno ciclo da vida.

CAPÍTULO III

DO QUE PASSA.

ஓ Meu passado, visto daqui, da vida, não tem o menor interesse. Ali só há insignificâncias e atos incompletos. Um homem, enquanto vive, está condenado a ser incompleto. Todos os seus gestos são incompletos. Alguém que se disponha a contar a vida de outro terá de partir da morte. Ali está o início. Deverá, depois, percorrer o caminho inverso, quando então os atos falhados e as insignificâncias ganharão uma razão de ser. Aquilo que parecia inacabado e vago, tudo o que era indigência e banalidade, adquire uma inesperada consonância, um tempo e, até, certa nobreza.

Depois de ler essa biografia, o leitor dirá que leu uma vida muito lógica, mesmo que a morte tenha sido patética, mesmo que a ignomínia tenha atingido a memória desse homem, mesmo que ele tenha morrido bêbado frente a uma casa de jogos.

Uma vida é sempre algo pronto para o Eterno, ainda que ela pareça trivial.
Perante a morte, nenhum passado é trivial.

☙ Um homem foi escrever sua autobiografia. Não tinha a arte necessária para tal, apenas tempo. Ao escolher o que contar, cada história apresentava um desdobramento impossível de ser omitido: naquele dia em que, criança, capturara um pássaro na armadilha, seu pai chegara em casa anunciando que estava muito doente; o pai, de fato, morreria um mês depois. Essa doença, aliás, viera num momento em que o irmão mais velho entrava na escola que, a propósito, ficava ao lado de uma loja em que vendiam bilboquês de madeira; eram, aliás, bilboquês vermelhos, belos, e o autobiógrafo narrou como conseguira comprar um bilboquê o qual, aliás...

Pelas páginas tantas, ele apagou tudo e recomeçou a escrever. Seu método foi desastroso: iniciou pelo nascimento. Esqueceu-se de que as vidas se descrevem desde o fim – mas para isso deveria estar morto. Poderia imaginar-se um defunto-autor, mas esse já existia, e nosso autobiógrafo incidiria em plágio.

Desesperou-se quando se viu a narrar sua vida minuto a minuto. Enlouqueceu por falta da lembrança do que lhe acontecera às 7 da manhã de 13 de agosto de 1961. Nesse dia, teve início o muro de Berlim, mas eis um fato mesquinho ante a loucura pessoal desse homem.

☙ Ninguém terá razões para escrever minha biografia.

Essa certeza, que tem seu quê tocante, dá-me uma bem-vinda liberdade: ao contemplar minhas ações, não preciso considerá-las nem interessantes nem tampouco bagatelas; não preciso dar-lhes um sentido.

É deixá-las como são, em seu pequeno e humano tumulto.

CAPÍTULO IV

TEMPUS FUGIT.

☙ A felicidade nunca é um estado atual, porque jamais conhecemos na íntegra o momento que passa.

A felicidade está no passado e no futuro. No passado, como algo que foi e, no futuro, como uma possibilidade desejada [*erit*]. Equivoca-se quem deseja atualizar sempre essa potência para transformá-la em permanente ato.

Em suma: tolo é quem se julga em eterna felicidade.

☙ A pêndula do relógio repete o mesmo movimento. As horas são as mesmas.

Não o são.

Os antigos artífices gravavam nos mostradores dos relógios uma frase arrepiante, referente às horas do dia: *Todas ferem; a última mata.* [*Vulnerant omnes, ultima necat*].

As horas, cada hora, as horas todas, todas são diferentes entre si. Cada uma, na sua vez, tem uma qualidade diversa: cada uma nos aproxima um pouco do fim.
A repetição é aparente.

☙ É de Heráclito, fragmento 52: *O tempo é um menino que brinca, jogando dados; essa é a realeza do menino.* [Αἰών παῖς ἐστι παίζων, πεσσεύωυ· παιδός ἡ βασιληίη]
Posso lembrar de quando eu brincava com meus colegas de escola, no pátio da minha casa: ali, o reino e a realeza e o tempo eram meus, só meus, e meus colegas, meus súditos. Eles se estratificaram em seus rostos infantis. Se hoje os reencontro, não são as mesmas pessoas da minha infância. Gostaria de dar-lhes outros nomes, outras histórias.
Quanto a mim, mantenho a ilusão de ser eu mesmo.
Eu não me suportaria todo novo, a intentar novas felicidades.

☙ É possível *sentir* o tempo cronológico; impossível explicá-lo.
Santo Agostinho: *O que é, portanto, o tempo? Se ninguém me perguntar, eu sei; se quiser explicar a que me pergunta, já não sei.* [*Quid est ergo tempus? Si nemo ex me quaerat, scio; si quaerenti explicare velim, nescio*].
Para Agostinho, o tempo era o que ele vivia e sentia.
Ele abominava a pergunta sobre o tempo, pois o punha na constrangedora situação de quem não o sabe explicar.
Entre o *sei* [*scio*] e o *não sei* [*nescio*], ficava o abismo do explicar [*explicare*].
Já os estultos explicam o que não sabem.

❧ Lope de Vega pode nos ajudar: *Vienen a ser novedades las cosas que se olvidaron.* Ou como queria o Imperador Cláudio: *Quae nunc vetustissima credentur nova fuere.* Ambos dizem, em línguas diferentes, que o muito antigo pode ser o muito novo. Aquilo que a humanidade esquece, de repente surge como uma luzidia novidade. Eis a efêmera glória dos novidadeiros.

Quem muito vive muito conhece, perdendo a ingênua iluminação da descoberta de um quinteto de Mozart, por exemplo.

❧ Há um buracão na praça central da cidade, junto ao rio. Está cercado por um tapume. Ali, os arqueólogos estão a descobrir coisas sobre o tempo passado. Descobriram uma escada, ali, que Outrora descia ao rio. Hoje ela desce ao nada. Mas é nova para o mundo.

Os ancestrais gostavam muito de escadas, especialmente se terminassem na água: assim poderiam ter a fantasia de descer, descer, descer até encontrarem o líquido primordial que fez surgir a vida sobre a terra.

Quanto a nós, hoje, uma escada não é novidade alguma e quase sempre leva à saída de emergência.

❧ Quem fala de si fala de seu futuro.
O tempo de nossas ações é o tempo futuro.
Um velho não fala do passado real; seu passado é, sempre, uma história de como deveria ter sido – e, portanto, o seu futuro; em outras palavras: o seu presente.

CAPÍTULO V

DA VELHICE.

   🙐 Tudo dorme no inverno. Tudo pára. Tudo pensa. As folhas já caíram, todas. Esperam o lento desfazer-se para que o solo seja fértil para as novas folhas que aparecerão em setembro. É curioso viver no Hemisfério Sul.

   O homem velho caminha, inclinado ao vento, vestindo um sobretudo. Ele segura uma sacola de supermercado. A mulher o segue, encolhida. Ambos atravessam a rua. Cuidam para não ficarem sob as rodas de um carro.

   Se a morte os tolher, será no inverno, a estação fatal.

   🙐 Giuseppe Arcimboldo era um artista pintor. Pintou algumas séries de quadros: os quatro elementos, as estações do ano etc.

   A série mais impressionante é consagrada às estações do ano. Quanto ao inverno, representou-o como um tronco de árvore, ressequido, com a forma de um rosto humano.

É, naturalmente, um ancião. Mas desse tronco morto brotam, misteriosos, um limão e uma laranja.
A velhice produz cítricos.

∾ Uma vez, em Rothenburg-ob-der-Tauber, o professor de alemão afastou a neve superficial do jardim do Goethe Institut. Mágica: apareceram, frescos e coloridos, inimagináveis amores-perfeitos.
O professor não precisou explicar nada. Com um breve olhar, fez-se entender. Ele possuía os cabelos quase brancos, invernais.
Os amores-perfeitos foram, desde então, a garantia de que a velhice, além de cítricos, pode produzir flores com esse nome tão perfeitamente amorável.

∾ O Comandante Bento Gonçalves da Silva, perto de morrer, e era inverno, foi um homem pobre e doente. Olhava para a janela, para a solidão do pampa. Vinham-lhe muitos sons. Sua vida, que findava, era atormentada por sons.
Tiros.
Gritos de comando. Lamentos dos feridos.
Vozes. Choros de bebês.
Os sons entravam pela casa, percorriam os corredores e caminhavam atrás de seus passos.
Ele teve a certeza de que vivia os últimos tempos e de que seria esquecido.
Ignorava os monumentos da posteridade, nos quais não há a morte: os monumentos são todos de bronze. (Esqueçamos, por piedade, que o bronze pode ser fundido a 900 graus.)

CAPÍTULO VI

DO ESQUECIMENTO.

ઢ Só esquece quem tem muito tempo a lembrar. Já uma criança não tem nada a esquecer. Vive sua vida, sem lembranças e, portanto, sem esquecimentos. Se disser que se esqueceu de algo, será de caso pensado, para escapar a uma sempre injusta punição materna. Não chamemos a isso de perfídia infantil.

ઢ As coisas não se esquecem de nada, exceto nas prosopopéias das fábulas: as coisas existem.
As coisas, entretanto, podem ser esquecidas.
O boné sobre o sofá.
O chaveiro numa gaveta. A bengala de vime atrás da porta. Essas coisas esquecidas perdem seu significado para a vida do homem.

Basta, entretanto, o olhar do dono sobre a coisa para que, de imediato, volte o sentido inaugural dessa coisa, como a página virgem de um livro.

Resta-nos aceitar a idéia de que as coisas podem ter uma vida independente de nós. Mas isso será reconhecer nossa insignificância e a hipótese de sermos esquecidos.

ò Para se esquecerem do sanguinário período anterior, os franceses do Diretório promoviam macabros *baile das vítimas* [*bals des victimes*] em que os parentes dos guilhotinados achavam grande prazer em dançar. Para dançarem, inventaram um estranho adereço: um lenço vermelho ao pescoço, imitando o corte da guilhotina.

Divertiam-se com a morte, querendo esquecê-la.

A certo momento do baile, as jovens dotadas de suficiente humor simulavam a queda de suas cabeças no cestinho de vime.

Faziam de tudo para se esquecerem de uma época bárbara.

Não se esqueciam. Isso não se esquece.

ò Antônio Vivaldi, sacerdote católico, passou a esquecer-se de suas idéias musicais. Lembrava-se de uma linha melódica; deixava para anotá-la mais tarde. Mais tarde, a música havia desaparecido de sua mente. Isso o transformava num homem difícil.

Passou a enganar os ardis da memória: anotava a idéia musical tão pronto ela lhe brotava da alma.

E agora há uma história; ouça. Durante a celebração da missa, Vivaldi teve a idéia de certa música. Era bela, fresca como uma adolescente, gentil, luminosa. Ele pousou as mãos sobre o altar. Olhou para a hóstia ainda não consagrada. Reconheceu seu espírito pecador e, sob o olhar pasmo do acólito, foi às pressas para a sacristia, tomou uma pena, molhou-a no tinteiro. Não tendo papel, anotou a música na manga da sobrepeliz. Suspirou com alegria. Voltou ao altar e terminou de rezar sua missa com toda a unção, com toda a fé. O acólito olhava-o pasmo. Alívio foi o que não teve Antonio Vivaldi nos dias seguintes. A história tornou-se conhecida. Ele foi impedido de celebrar missas.

A música sacrílega existe. Uma jovem de tênis, caminhando à minha frente, escuta-a no seu aparelho de som.

CAPÍTULO VII

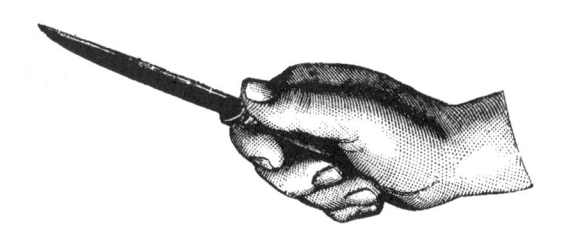

Do momento.

❧ Entre o sair da lâmina de sua bainha e o gesto de ferir, há um tempo em que a lâmina fica indecisa, à espera de um desígnio da mão que a sustenta.

Ali, e só ali, o gesto pode ser detido; ali, uma brevíssima consideração sobre o valor da vida, sobre o pecado e a insânia. O momento seguinte é de loucura e horror.

❧ Napoleão teve um momento em que contemplou a ilha de Santa Helena a bordo do Northumberland. O barco oscilava sobre o ríspido mar de Santa Helena.

Napoleão avistou, no castelo de proa do Northumberland, o seu exílio.

Ele viu o tempo futuro, no qual sua alma empreenderia uma perturbadora viagem aos vórtices do passado.

Naquele instante, poderia ter pedido a arma do oficial francês que o acompanhava. Poderia ter dado fim a esse futuro.

Houve então o momento em que Napoleão aceitou os anos vindouros, que foram de mágoa e resignação. Eram muitos os cadáveres que juncavam sua memória e – honra lhe seja dada – ele não os ignorou.

કે A pausa que antecede o gesto da mãe ao trazer a coberta aos ombros do seu menino: ela o considera com ternura.
Com todo o seu coração, ela olha para a criança que dorme.
A infância pouco irá durar.
Daí a lentidão do olhar e do gesto da mãe.

કે Há sempre uma pausa na música, em qualquer música. É quando o ouvido cessa sua função, à espera do próximo acorde.
Ali, na pausa, é que está a música. Na suspensão das sensações auditivas é que acontece a verdadeira música.
Não houvesse pausas, não haveria música.

કે A pausa entre a mão que busca e a mão alheia: o momento é fugaz, pequeno e valioso.
A mão suspende seu gesto, vacilante entre o toque e o desalento da possível recusa.

Assim a mão ficará, até que, desistente, retorne a seu lugar.

ಲಿ Houve pausas na Criação. A pausa entre o Caos e o Cosmo. Entre o abismo da Sombra e o deslumbre da Luz. Entre o gesto de criar Adão e o gesto de criar Eva, houve uma pausa no pensamento de Deus. Essa suspensão, esse respirar do tempo, significou o pensamento divino – não de dúvida, mas de contemplação, amor, embevecimento, paz, serenidade.

Deus necessitou da pausa. Sua onipotência permitiu-se esse vagar.

Nós, seres contingentes e efêmeros, entretanto, ocupamos todos – completamente todos – os minutos de nossa vida.

CAPÍTULO VIII

DAS HORAS DO DIA.

☙ São da antiga tradição cristã os livros em que as horas canônicas [*Horae Canonicae*] são celebradas com orações piedosas. Na Idade Média, são livros soberbos, belos, executados em pergaminho, com ilustrações refinadíssimas. O mais célebre é o Livro de Horas do Duque de Berry. Havia as horas *Matinas, Laudes, Primas, Vésperas*, e assim por diante.
Podemos, entretanto, pensar em horas laicas.

☙ Às sete da manhã é o perpétuo renovar. É o momento pagão de nossa jornada.
O dia organiza-se em nossa alma, e nela há algo como uma esperança.
Mesmo a pessoa mortalmente enferma tem a esperança de sobreviver. Ao abrir as pálpebras para a janela que deixa entrar a luz, o ar; ao sentir em paz seus órgãos e membros

depois da peleja da noite, o doente diz-se: "Estou vivo. Que assim eu permaneça até o fim do dia".

❧ O meio-dia é o tempo dos ginastas e dos operadores da bolsa de valores. É quando prestamos tributo à nossa condição animal e humana. É quando sentimos fome.
A hora meridiana ilumina-nos a cabeça sem provocar a sombra de nosso corpo. Tudo brilha; mesmo a fosca e cansada prata dos candelabros emite uma faísca de luz.
É o momento em que estamos a um passo do engano, tomando o não-ser pelo ser.

❧ Às seis da tarde já temos certeza de nossa mortalidade.

❧ Às dez da noite o dia está vencido. É o domínio assombroso das coisas noturnas. Foi à noite (a noite de segunda-feira, 23 de novembro de 1654) em que ocorreu a tempestuosa experiência mística de Pascal.
Uma pequena mariposa tenta vencer a luz.
Alguém força um cadeado.
A lua, nesta noite, é Nova. Daí a densidade desse escuro que me impede de enxergar as próprias mãos, mesmo que as estenda à frente de meus olhos.
A incerteza de amanhã estarmos vivos torna-nos seres religiosos.

CAPÍTULO IX

DA ESPERA.

ಎ Grandes sistemas filosóficos, grandes obras literárias, grandes invenções, surgiram não do concentrado e longo meditar, mas de um tempo de Espera.

O momento inútil em que Ícaro observava o vôo de um pássaro.

O momento em que o mestre-canteiro da Idade Média esperava que as roldanas lhe trouxessem o trecho do vitral a ser encaixado na rosácea Sul de sua igreja. Naquele momento, ele concebeu a forma de sustentação das paredes por meio dos arcobotantes.

Há, também, o momento no qual Kepler, em Praga, olhava pela janela à espera do homem do correio: uma nuvem elipsoidal deu-lhe a forma do giro dos planetas em torno do sol.

O momento, o breve momento, em que a orquestra suspendeu o som e deixou os ouvintes à espera do acorde final. Os ouvintes, em vez de pensarem no acorde, pensaram em como suas vísceras estavam a funcionar com regularidade. E isso foi uma alegria que perdurou até depois desse último acorde.

֍ Toda espera é um pequeno exílio do desejo. Ele fará pensar e indicará a cor, o som, o gosto, a textura, o aroma do futuro.

֍ O verbo depoente *sperare* tanto significava "esperar" como "ter a esperança [o desejo] de". Herdamos essa ambivalência. Nunca esperamos que o futuro nos traga dissabores, mas que corresponda a nosso desejo. O mal, quando acontece, é sempre um acidente biográfico.

֍ A espera supõe paciência, e eis aí um ato exclusivamente humano. O leão que espera sua presa não é paciente: é ardiloso. Chega a ser heróica, a paciência. Assim foi com Penélope e suas tramas de fios.

֍ Albinus Flaccus Alcuinus, o mestre da Escola Palatina, afirmava que a vida é a espera da morte. Ele não percebia as auroras vencendo as nuvens. Nem a chuva colhida pelos raios do sol oblíquo. Nem o gesto de seu pai a separar, no Livro, os salmos de Davi. Alcuinus não percebia a frágil coreografia da borboleta ao sair de seu casulo e ao expandir as asas ao vento de única primavera de sua vida. Sêneca, oitocentos anos antes, já o admoestara: quem muito espera do vindouro acaba por esquecer-se do dia de hoje.

Ainda que belo, ainda que trágico, precisamos desse dia de espera, desse dia que passa.

❧ Da mulher grávida dizia-se, no século XX, que "esperava". Dava-se a esse verbo uma afetuosa acepção intransitiva: Lúcia está esperando.

Ao nascer Valentim, Lúcia já não "espera". Todas as suas esperas em relação ao filho, daí por diante, serão deliciosa e dolorosamente transitivas.

CAPÍTULO X

Do destino.

~ Ao escapar da bomba-relógio de von Stauffenberg, Hitler disse ao espantado Mussolini que o Destino preservara-o da morte.

Pessoas famosas declaram-se (pre)destinadas. A caprichosa errância do Acaso fica para as pessoas banais.

Já os gregos transformaram o destino numa entidade superior aos deuses.

Para os jansenistas de Port-Royal, Cristo morrera apenas para os destinados à Graça. Os jansenistas entraram em confronto com os jesuítas, defensores do livre-arbítrio dado por Deus aos homens. A questão ainda não foi resolvida.

~ O destino é a moeda mais inconstante, a mais corrupta, promíscua, volátil, anacrônica.

Se alguém fala sobre o destino, fala desde as cavernas.

☙ Cícero viveu durante certo tempo em Puteoli, nas cercanias de Nápoles. Sua casa era grande, majestosa. Era aprazível. Ele a chamava de *A Academia*. A aragem, ao perpassar os ciprestes, trazia o perfume das coisas antigas.

Ele recebeu, e a tarde era calma, a visita de seu amigo, o Cônsul Designado Hirtius, que o admirava como a um irmão e a um pai. Hirtius vinha atormentado. Sentou-se, cruzou os braços. Esteve um longo tempo olhando as sombras que aos poucos invadiam o jardim.

Cícero pediu-lhe que falasse. Nos últimos tempos, eles dialogavam de modo obsessivo sobre o modo de salvar Roma depois do assassinato de César.

Hirtius possuía um humor inquietante. Em todo humor há maldade. Hoje Hirtius mantinha-se sério.

Cícero repetiu, que falasse.

Ele então falou: Hirtius preocupava-se, naquela tarde, com o destino humano. Num breve entreolhar-se, os dois homens entenderam que, ao menos naquela tarde, salvar Roma deixava de ser importante.

E Cícero explicou a Hirtius os diferentes pensamentos sobre a questão. Não se discute a existência do destino ao se pensar nele, mas se discute a liberdade. Se há liberdade, não há destino. O destino é o não-saber certas coisas que devem acontecer sem que possamos interferir. Um desconhecido meteoro em rota de colisão com a Terra necessariamente cairá nela. Isso não é destino. Isso decorre de causas naturais e antecedentes [*causas naturalis et antecedentes*].

Almas presas a seus passados são as primeiras a socorrerem-se do destino. Admitir o destino é um conforto, uma segurança, uma fraude. Significa dizer que algo miraculoso e extranatural decide por nós. Mesmo que faça cair o meteoro sobre nossas cabeças.

Cícero escreveu um ensaio filosófico, *Do destino* [*De fato*], para narrar essa lição a Hirtius. Esse escrito chegou a nossos dias, mas mutilado. Alguma causa natural e antecedente, como um raio, uma chuva, um gesto irado, destruiu o final do escrito.

Podemos apenas imaginar Hirtius em sua exaurida sensação de *post coitum* ao despedir-se de Cícero.

A partir dessa tarde, falaram apenas de Roma.

Geografias secretas.

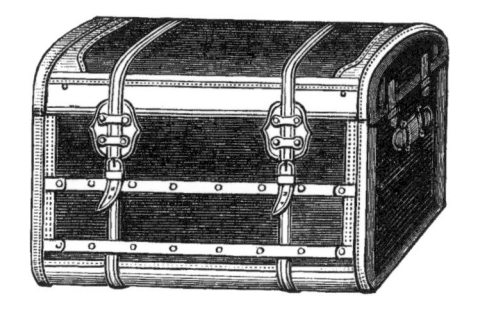

CAPÍTULO I

Dos interiores das coisas.

༄ O quarto de Goethe é muito pequeno. Uma cama ínfima, a janela estreita que dá para o jardim. Um visível contraste com a imensidão da casa. O quarto é bem menor que o gabinete, que fica ao lado. É impossível acreditar que nesse quartinho ele tenha dito suas imponentes e últimas palavras: "Mais luz!" [*Mehr Licht!*]

Há um cordão de seda trançada, de cor amarela, que impede a entrada no quarto de Goethe.

Era agosto de 2006, pleno calor e sol em Weimar, e a janela estava com os tampos entrefechados.

A vontade do visitante foi de abri-los, a ver se dava, ao quarto, a luz que Goethe suplicou.

༄ A grande sala de música de Mozart fica em Viena. É a maior peça do apartamento próximo à Catedral de Santo

Estevão. Ali viveu seu melhor período da vida. Ali ele compôs *Le nozze di Figaro* e recebeu a visita de seu incomodado pai, vindo de Salzburg para repreendê-lo pelas despesas, pelas dívidas. Ali o pai escutou de Haydn a célebre afirmativa: *Digo-lhe por Deus, Herr Mozart, como homem honrado, que seu filho é o maior compositor que conheço, pessoalmente ou pelo nome.* [Ich sage Ihnen vor Gott, als ein ehrlicher Mann, Ihr Sohn ist der größte Komponist, den ich von Person und dem Namen nach kenne.]

Ali, o pacato e cumpridor Vizekapellmeister e Hofkomponist Leopold Mozart olhou para o filho Wolfgang e ficou pensando se o velho Haydn já não estaria demente. Nessa altura, Wolfgang não era mais o menino-prodígio que encantara a Europa – e seu próprio pai.

☕ O consultório do Dr. Freud situa-se num antigo prédio da Berggasse, também em Viena. Para entrar no prédio, é preciso apertar a campainha e, ao mesmo tempo, empurrar a alta porta de madeira lavrada. Depois, vencer as escadas. Depois, tocar outra campainha. Atende o funcionário do museu Freud. Poucos passos, o consultório. Mais dois passos, o gabinete. O visitante vai à janela e o que vê é um espantoso espelho que lhe reflete o rosto. O Dr. Freud nos diz, numa nuvem de fumaça do charuto: "Antes de olhar para fora, meu caro senhor, olhe para si mesmo". Uma sessão de psicanálise grátis. Lá fora, 12 graus abaixo de zero. Lá dentro, a alma ardendo.

☕ O gabinete de Balzac: ali, num fascínio, o olhar é atraído pela cafeteira de porcelana, posta sobre a mesa de trabalho, que mantinha o escritor acordado. Sua última frase: "É o café que me está matando". Esperava-se mais de Balzac. Mesmo que esteja às portas da Eternidade, a pessoa deve refletir que, se morre, sua lembrança persistirá. Especialmente se a pessoa é Balzac.

༂ O quarto de Lope de Vega: a casa é um bálsamo de frescor no pleno fogo estival de Madrid. O quarto possui uma janela interna, que permite a visão do oratório doméstico.

Doente e pálido, Lope de Vega, de sua cama, podia assistir à missa.

Enfim morreu, reconciliado com a Igreja. Mas escrevera 426 comédias, o que nos faz pensar muito acerca desse arrependimento *in extremis*.

CAPÍTULO II

Dos lugares.

    ∾ Há um lugar literário – árvores, frutos, riachos, aragens, pássaros, montes, campos, ravinas – a que o escritor recorre quando lhe furtam as horas do seu dia. Lá o sol está sempre no zênite. Não há tempestades nem sismos.
    Lá vivem as personagens do escritor em eterna disponibilidade.
    Vive lá também seu desejo.
    Lá vivem seus livros ainda não-escritos, suas metáforas sem uso, seus viçosos períodos gramaticais, seu léxico mais raro.
    Somente lá.
    Após a morte do escritor, esse *locus* permanecerá secreto, para sempre lacrado à errante indiscrição humana.

    ∾ O espaço cósmico é um Lugar tão imenso, tão vazio e infinito, que os astros passam a ser diminutos acidentes.

❧ A primeira lembrança do infante, um fragmento de memória, é um lugar aberto: há um jardim; há uma escada; seus degraus levam a uma porta. Essa porta, que alguém abre em silêncio, dá passagem a um lento senhor de barbas brancas. Ele usa chapéu.

O som persistente e metálico é a cremalheira de uma roda de moinho.

O senhor de barbas brancas pronuncia o nome do infante, pede-lhe que suba os degraus. Oferece-lhe, tentador no ar, um caramelo embrulhado em papel-celofane vermelho.

Cessa a lembrança.

É tudo antiqüíssimo. Talvez não tenha acontecido dessa forma; talvez não tenha acontecido.

O adulto, quando conta essa história, tem a sensação de que mente; no entanto, isso tudo aconteceu, os velhos o testemunham em pormenor. Mas os velhos, por freqüentes vezes, recordam-se do que não viram.

❧ Apolo, no Parnaso, era soberano. Era a metonímia da beleza. Ele vivia com as musas.

Ninguém percebia seu enfado, ao percorrer, todos os dias, o luminoso céu, conduzindo seu carro atrelado a cavalos de fogo.

Fulgurar sempre, sempre embasbacar, ser belo e cintilante para sempre, é obra indigna de um deus.

❧ Pascal refere-se a um Lugar, o verdadeiro Lugar [*vrai lieu*] do qual o homem está visivelmente perdido [*visiblement égaré*]: fragmento 19 dos *Pensamentos* [*Pensées*]. É um Lugar que o homem busca sem sucesso em meio a trevas impenetráveis [*dans des ténèbres impénétrables*].

Nada consolará o homem em sua perdição, nada conseguirá fazê-lo feliz, nada poderá dar um sentido à sua vida, a não ser esse Lugar.

Talvez não seja o mesmo que estamos à procura; de tanto procurá-lO, contudo, de tanto errar, perderemos a ocasião de reconhecê-lO quando O encontrarmos.

CAPÍTULO III

DO PÓ.

❧ Há um aposento em que as coisas se cobrem de pó. Sem cuidados, ele se acumula sobre os móveis, os pequenos objetos, os livros, os quadros, as cortinas, as imperfeições da marchetaria, sobre os cabelos de mármore de uma Beatrice.
O pó torna as coisas indistintas e cinzentas.
O Outrora se instala. E, enfim, aquele aposento passa a ter uma história.

❧ Nada que é novo pode ser, ao mesmo tempo, verdadeiro.

❧ Houve um tempo em que o infante abismava-se com a cintilação dos grânulos de pó, colhidos por um feixe de luz.
Esse foi um tempo de maravilhas e terrores.

ࡔ Fala-se de um Capitão Alexandre José Montanha, engenheiro militar e iluminista. Em 1772, ele teria demarcado de forma retilínea as ruas de Porto Alegre e suas praças. Assim Pombal fizera na reconstrução de Lisboa após o Terremoto.

O tempo, a indolência dos homens de Porto Alegre, a saudade, acabaram por confundir as praças e ruas, curvando-as, flexionando-as, arredondando-as, enchendo-as de gente. Tudo o que é reto não é humano.

ࡔ Em Ponta Delgada, Ilha de São Miguel, nos Açores, há a igreja matriz de São Sebastião. Distinta da maioria das igrejas do Arquipélago, ali, na fachada principal, brilha a luminosidade venturosa e manuelina do calcário. Caso Antero de Quental, melancólico, empunhando a arma suicida, estivesse sentado a um banco frente à matriz de São Sebastião, nada daquilo teria acontecido.

ࡔ Na estreita e comercial Getreidegasse, em Salzburg, está a casa da infância de Mozart. Nesse museu, há o violino de Wolfgang numa redoma. Foi mandado fazer para suas pequeninas mãos. Tantas esperanças de um pai, que acabaram na vala comum do cemitério de S. Marx, em Viena.

O túmulo do pai, no entanto, está belo e florido em Salzburg.

O turista tira fotos. O visitante observa-o.

CAPÍTULO IV

DOS EXTERIORES DAS COISAS.

ೀ A questão a ser resolvida, quanto aos exteriores, é: o que eles contêm?

A pirâmide de Quéops, ao exterior, é aquela massa pétrea e geométrica, pesada. Dentro, os deuses se ocultam em meio ao calor e ao ar cozido do deserto. Lá dentro, os séculos imobilizam os deuses, até que estes venham a renascer, arejados e belos, num documentário da TV.

ೀ O palácio de Versailles, com sua profunda horizontalidade exterior, com a moldura dos seus jardins, contém as grandiosas ambições de Luís XIV e as amantes reais, mas também a música de Lully e Marin Marais e todo o teatro de Molière e Racine. A máxima leviandade pode conviver com a máxima expressão sensível.

Os verdadeiros artistas sobrevivem às suas épocas.
Os outros são assassinados por elas.

ஓ Aquele prédio em Heiligenstadt, com seu exterior domesticamente burguês, acolheu parte de uma vida. Há um pátio central onde, no passado, as diferentes vozes dos inquilinos se cruzavam. Discutiam, trocavam insultos, chamavam o verdureiro, jogavam seus dejetos, corriam atrás das crianças.

O músico, que lá viveu parte de sua vida, não escutava nada disso. Não escutava sua própria música, nem as reclamações dos vizinhos quando, ao piano, tocava em *fortissimo* para sentir algumas vibrações sonoras.

Isso possibilitou que sua música chegasse até nós.

Eis a importância de vizinhos barulhentos na história da música.

ஓ Ao exterior, o apartamento de Eça de Queirós, em pleno Rossio de Lisboa, não se distingue de nenhum dos outros prédios que o Marquês de Pombal fez erigir após o Terremoto.

De uma de suas sacadas, Eça contemplou a praça, abaixo. Considerou o monumento com a negra estátua de D. Pedro IV (o nosso D. Pedro I), posta sobre uma coluna toda branca, como "uma colossal vela de estearina com o pavio apagado". E à monótona fachada do teatro D. Maria II, também na praça, dedicou um interessante adjetivo: "idiota".

Por sorte, Eça viveu pouco ali. Caso contrário, correríamos o perigo de nós, os visitantes, também sermos obsequiados com o resultado de algumas das famosas indisposições estomacais do autor de *Os Maias.*

☙ O Taj Mahal, sempre apresentado como um monumento ao amor entre cônjuges, na verdade, é um túmulo. O grande Sha Jahan construiu aquela magnífica arquitetura para render uma oração de saudade à esposa morta. Na verdade, é o túmulo da esposa. O templo que faísca à luz do entardecer é um túmulo.

Pensando tratar-se de um monumento ao amor, Diana Spencer, triste e enigmática, fez-se fotografar perante o Taj Mahal.

☙ A biblioteca Athenaeum, em Providence, tem uma fachada *greek revival* em pedra. O projeto é de um arquiteto da Filadélfia, William Strickland, que desenhava em nove estilos diferentes.

Vista da Benefit Street, o olhar é atraído pelas duas imensas colunas dóricas que sustentam um desmesurado frontão triangular.

A biblioteca é toda branca, sólida, retilínea, estável.

Ali Poe encontrava-se com sua pseudonoiva Sarah Ellen Whitman. Ele já havia publicado *The Raven*. Todos sabem dessa história.

Poe bebia, e seu olhar alcoolizado para a biblioteca Athenaeum instabilizava-a desde os fundamentos.

O prédio oscilava em suas retinas.

CAPÍTULO V

Dos pontos cardeais.

❧ Quando na escola o infante aprendia essa lição, era-lhe impossível entender que o mundo, sendo redondo (como lhe ensinavam), tivesse quatro pontos que (como lhe ensinavam) formam um quadrilátero.

❧ O Norte é a região rica da terra. Naquele Hemisfério, o vórtice das águas ensaboadas, no ralo das pias e banheiras, gira em sentido inverso ao nosso. No Norte, há passarinhos com nomes sonoros, há rouxinóis, cotovias, pintarroxos, tentilhões, tordos, milhafres, açores.

O Norte é o território da cultura e do dinheiro, da beleza, da filosofia e do senso estético; isso que, *faute de mieux*, chama-se de civilização.

Quando lá foram travadas – ou provocadas – as mais sanguinárias e destrutivas guerras que o mundo já conheceu, nós, do Sul, apoiamos.

❧ O Leste também é chamado de Oriente. Para nós, o mais longínquo Oriente é um mistério. Não o somos, porém, para os orientais, que nos chamam, improvisando uma definição, de "os longos narizes". Nossa ausência de mistério é explicada por nossa selvagem banalidade: enquanto os imperadores do Oriente escreviam poemas aos beija-flores, nós nos matávamos nas guerras medievais.

Do Oriente veio-nos a seda, o chá, a porcelana, a poesia de Mitsuo Bashô, a pintura animalista de Tchao-Mong-Fu e os requintes da mesa.

Isso nos bastaria.

❧ Para os gaúchos, o Sul não é apenas um ponto cardeal. O Sul também é o Outrora.

O Sul possui uma tensão entre o atual e o antigo.

Somos seres atemporais ao Sul: nem o nosso Outrora nos deixa confortados por uma História e nem o presente nos satisfaz, por impreciso, frágil, cinzento.

❧ Não há espaço mais desejado do que o Oeste. O Oeste, em todas as culturas, significa o devenir, o desejável transformar-se em algo que não se é.

Cristóvão Colombo ansiava por descobrir o Oeste; os norte-americanos queriam enriquecer no Oeste; Getúlio Vargas e Juscelino Kubitschek tangiam o País em direção ao Oeste.

Já os pássaros migrantes não se deixam seduzir por essa complexidade: em suas bússolas só há o Sul e o Norte. Os outros pontos cardeais não lhes dizem nada.

Ante os pássaros, envergonhamo-nos do nosso supérfluo Leste e do nosso utilitário Oeste.

CAPÍTULO VI

Do sistema solar.

❧ Por milênios, a Humanidade pôs a Terra no centro do Universo. Por delegação dos deuses, o ser humano dominava a Terra.

Por milênios, a Humanidade viveu esse consolador equívoco. O Sol e os planetas e as estrelas giravam em doce equilíbrio à volta da Terra. Do vagaroso movimento desses astros emanava certa música celeste.

Só os deuses podiam ouvi-la.

❧ Para os babilônicos, o universo era uma poderosa abóbada e a Terra flutuava no oceano. Para Anaximandro, a Terra era um disco suspenso no ar. Apenas o lado de cima era habitado.

Para Aristarco de Samos, a Terra girava em torno do Sol, mas o Sol mantinha-se firme no centro do Universo.

Ptolomeu, impressionado com o céu, escreve no Almagesto:

Eu que caminho e que sou mortal, eu vos contemplo, ó estrelas. Mesmo insignificante, eu me associo a essa imensidão. Eu bebo, em vos contemplando, minha parte de Eternidade.

Este poema, escrito por um homem que acreditava com devoção e orgulho no geocentrismo, possui a mais intensa, a mais bela alegria intelectual.

☙ A Terra, solta do espaço, girando freneticamente em torno de si mesma e em torno do Sol, tendo um satélite a errar às tontas em torno dela, ameaçada por asteróides e cometas, dirigindo-se às cegas a um ponto extremo da Via Láctea – é uma idéia muitíssimo estranha.

☙ Ganhamos em saber astronômico, sim, mas perdemos nossa imaginação.
A ciência, em vez de libertar-nos, transformou-se em nosso calabouço.

☙ Mas também é verdade que os astrônomos, quanto mais pesquisam, mais dúvidas encontram.
Um dia, essas dúvidas serão intoleráveis; então escolheremos qual o saber que desejamos para nós. Cada qual poderá escolher a mais interessante concepção do universo, a mais poética, a mais imponderável.

A Humanidade poderá escutar a música que era ouvida apenas pelos deuses.

Se isso falhar, poderemos ouvir – com maior ganho –, o segundo movimento do Concerto para Clarinete, em Lá Maior, de W.A. Mozart.

CAPÍTULO VII

DE HORROR VACUI.

༄ O vazio dá-nos uma vertigem. Hoje em dia, todos os espaços devem ser preenchidos para que os aceitemos.

Na linguagem, os adjetivos representam o medo de que o substantivo, sozinho, leve-nos ao Nada.

Preenchemos os substantivos, esquecendo-nos de que eles, na maioria das vezes, se sustentam sem ajuda alguma.

༄ Quando um biólogo declara que "até" no deserto há vida, ele pretende dizer: o deserto não é um Lugar vazio, não é preciso ter medo do vazio do deserto.

Vai lá. Vai ao deserto.

Encontrarás teus semelhantes, os bichinhos unicelulares.

ಇ Mudam os tempos e o pensamento barroco permanece, repelindo os espaços em que nada há.
Assim os altares das igrejas de Ouro Preto e Salvador, arreados de ouro, de prata, de folhas de acanto, cintilações. Nossa melhor medida tropical e carnavalesca, entretanto, é um carro alegórico. Nele, toda curva, toda reta, todo quadrilátero, todo círculo deve conter algo.

ಇ O mestre-pintor setecentista parou, magnetizado e trêmulo, frente ao painel vazio na parede da capela-mor, lado da Epístola. O mestre, mais uma vez, foi possuído pelo temor de que não tivesse arte suficiente para preencher o Nada. Tinha idéias, sua alma era povoada de cores: da mata, do céu, do mar, dos trovões, das crisálidas. Sua alma temia a Deus. Como tudo isso falhava ante o vazio?

Nessa noite, um Emissário do Altíssimo segurou sua mão. A mão tutelada do mestre preencheu todo o painel com formas, texturas e matizes. Era uma obra de Deus.

Ao acordar, correu para a capela-mor. Tinha esperança de que o painel estivesse completo e de que nada mais sobrasse para sua indigníssima arte.

Mirou o painel. Seguia vazio, como ontem. Sentou-se, inclinou a cabeça. Levou as mãos toscas ao rosto. Os dedos, curvos pela idade, permitiam que escorressem as lágrimas.

Ficou ali até que o sacristão pediu-lhe que saísse.

No dia seguinte, contando apenas com a humanidade de sua fraqueza, o mestre começou a pintar. O Emissário, por sobre seu ombro, contemplava o painel, que logo ficou cheio das mais fulgurantes e humanas formas, texturas e cores.

Passados duzentos anos, o painel ainda está lá. Um funcionário do Patrimônio Histórico, com amor, restaura-o. Os vazios, esses, acontecem apenas quando não presumimos o poder da fraqueza humana.

CAPÍTULO VIII

DOS LIMITES.

🙠 A razão do Limite está na impossibilidade de ser ultrapassado sob pena de constrangimento, da desonra, do cárcere, da morte.

Na infância, havia aquela gravura colorida representando um menino em meio à travessia de uma tosca ponte sobre o abismo. Um anjo muito preocupado segurava sua mão, tentando conduzi-lo em segurança à outra margem. Os limites eram dados pela exígua largura da ponte.

A queda no vazio era a entrega ao pecado.

A gravura ficava na parede junto aos pés da cama, tendo por debaixo a luz de uma lamparina de azeite. Era a última visão do infante antes do sono.

Aquela gravura assombrava-lhe as noites. Ele encobria a cabeça com o cobertor recheado de brancas plumas de ganso. Ele rangia os dentes.

Assim eram os limites: sepulcrais, sinistros.

❧ A mãe do rapaz lhe estabelecia um horário fatal de retorno à casa: dez da noite. Ela o aguardava tricotando. O limite, se ultrapassado, desencadeava anátemas.

Hoje, o adulto, órfão, olha para o relógio e constata, com terror, que são nove e cinqüenta da noite.

A partir das dez, instaura-se o reino das sombras.

Ninguém o entende quando ele abandona a festa. Julgam-no, por sorridente benevolência, um excêntrico.

❧ Heróis são apenas hologramas históricos daquilo que desejaríamos ser.

Heróis são pessoas a quem a situação-limite, quase sempre inesperada, leva ao ato extremo do qual sairá vitorioso ou morto. Não há dignidade no heroísmo, não há virtude; há apenas temeridade.

O herói não assume o resultado de suas ações. Ele, por arrogância, não pensa em limites. Eis a sua temeridade.

O herói é uma criança sem as verdadeiras qualidades pueris.

❧ O que resultou da fúria do Capitão Ahab e sua idéia fixa?

De que lhe serviu vigiar, alucinado, no convés do *Pequod*, à busca da visão de seu tormento?

Ahab, por não se submeter aos limites, teve a morte que sabemos. E uma obra-prima romanesca não é suficiente para justificar tanta loucura.

O limite do homem é marcado por aquilo que pode

realizar. Por força dessa causa e apesar de sua utilidade cotidiana, o homem real desaparece da História.

❧ Escrever um livro é dar limites – contados em caracteres, parágrafos, páginas, capítulos, capa, sobrecapa, código de barras, ficha catalográfica, ISBN e preço – a uma transcendental aventura da imaginação.

CAPÍTULO IX

DOS PARQUES, DAS IGREJAS, DOS QUARTOS.

෴ A igreja de São Tomás, em Leipzig: nesse Lugar, J. S. Bach foi um funcionário aplicado; ali ele tocava órgão e viola. Ali ele compunha. Sua voz também era bela. Regia um coral de meninos e uma pequena orquestra.

Nessa manhã, tentava escrever com seus olhos doentes. Bach suspendeu-se, entretanto: alguém ensaiava breves notas ao cravo doméstico. Lá embaixo, na calçada, eram os ruídos de uma cidade às primeiras horas. Uma criança batia um tambor de lata.

Ele tentava retomar sua escrita musical. Distraiu-se ao perceber, pela janela, uma folha de carvalho, a primeira que caía na estação.

Ele estava enfermo de uma doença progressiva, a mesma que apagava seus olhos. O médico já percebera como a urina de seu paciente atraía as formigas que apreciam açúcar.

Hora do culto em São Tomás: ele fechou seu caderno de música e dirigiu-se à igreja. A música estava inconclusa e hoje era dia de festa. Todos os burgueses de Leipzig ali estavam.

Subiu ao órgão. Abriu a partitura. Pediu inspiração. Ele ainda trazia a memória do tambor.

Deu-se o milagre: não havia mais a igreja de São Tomás, nem as ruas estrepitosas. Ele não precisava olhar para a partitura. Tocava com seu coração. A música pairava pelas abóbadas góticas, agora completa. Os burgueses viravam a cabeça para cima, para o coro alto, para Bach.

Esse foi o último dia em que tocou. Estaria morto em poucas semanas.

Hoje, a igreja de São Tomás funciona como um museu. Ninguém deve ir lá à tarde, quando se enche de curiosos. Pela manhã, é-se dono do templo, mesmo no verão.

Entremos pela porta lateral. Esqueçamos que isso tudo foi reconstruído. Há uma sepultura no piso da capela-mor. Ali está Bach. O turista de ontem deixou uma flor de plástico.

Ergamos o olhar para o coro alto. Ergamos o olhar para o órgão. Bach está lá.

Fechemos os olhos, agora. Silêncio.

Nós, os burgueses do mundo inteiro, ouçamos. Cessemos nossos tambores de lata.

☙ Há novíssimos parques na cidade. Eles surgem de um grande espaço vazio.

Surgem, também, do frenético bota-abaixo de velhas casas. Essas casas não transmitem suas labirínticas experiências ao parque. Um parque, para existir, necessita de um século inteiro.

༄ O Museu Carnavalet, no Marais, reconstituiu o quarto de Marcel Proust. Um empregado espaneja o pó que provocava a bem-vinda alergia e a depressão de Proust. Proust abominaria essa limpeza.

CAPÍTULO X

DAS RUÍNAS.

☙ Ruínas européias, na América do Sul, são um *nonsense* em meio à adolescência do Novo Mundo.

São Miguel Arcanjo fica na América do Sul. Ali estão ruínas de uma igreja jesuítica construída há apenas 260 anos. São restos de um devaneio religioso, pio e comovente. Seu traçado era fora de moda.

Hoje, São Miguel é um conjunto de ruínas. O vento Minuano percorre, livre, a nave central e as arcadas que sustentam o nada.

A Chiesa del Gesù, em Roma, cuja arquitetura inspirou São Miguel, foi construída no século XVI e está de pé. É soberba. Ali rezam-se missas e celebram-se casamentos. A cúpula traz afrescos coloridos.

O que devastou São Miguel não foi o tempo, mas a guerra guaranítica, a cobiça, a força militar, a prepotência, a selva; por fim, a amargura dos padres.

A maior devastação foi em suas almas e em nossa memória.

ಓ Tudo o que não se acaba, tudo o que se abandona, tudo o que se perde: tudo se transforma em ruínas que aguardam o suceder do tempo para desaparecerem no pó das eras.

ಓ Às margens de nosso grande rio, há pedras que emergem das águas. São negras, antiqüíssimas, cobertas de musgo. Vistas da margem, são ruínas dos castelos de uma Idade Média que não tivemos.
Ali estão, à espera que o tempo venha dar-lhes o som e o colorido das batalhas entre senhores feudais.

ಓ No maior parque de minha cidade, há ruínas meticulosamente construídas. São ornamentais, pitorescas, e só.
Ali, durante a noite, os pedreiros-espectros do passado, às escondidas dos olhos mortais, restauram-nas tijolo a tijolo.

ಓ Ruínas conjugam os verbos no Pretérito Perfeito.

ಓ Balzac, em *O médico do interior* [*Le médicin de campagne*], romance de 1833: *Era uma espécie de ruína humana, à qual não faltava nenhuma das características que tornam as ruínas tão tocantes.* [*C'était une sorte de ruine humaine à laquelle ne manquait aucun des caractères qui rendent les ruines si touchantes.*]
Balzac via ternura nas ruínas.
Ruínas, na verdade, são o que vêem nossos olhos. Um cão pode ser uma ruína, um pensamento também.
Uma pessoa também.

Não-saberes.

?

CAPÍTULO I

DE RES VARIA.

&~ É insulto dizer de um escritor que ele "escreve bem". Acaso se diz que Machado de Assis escrevia bem? Ou que Shakespeare escrevia bem? Ou Dante? Escrever bem é apenas uma conseqüência.

&~ O que é uma pessoa bela? O que é uma pessoa bonita? A pessoa bonita tem tudo para encantar durante algum tempo, o qual pode ser medido até o minuto imediato em que diz algo. Ao falar, a pessoa bonita mostra que pode ser um engano; a pessoa bela, mesmo que não fale, sempre será verdadeira.

A verdade, além de ser velha, é a suprema Beleza.

&~ Luís XVI, no 14 de julho de 1789, escreveu em seu diário uma única e famosa palavra: *Rien*. Esse "nada" nos enche de vergonha.

Ao subir ao cadafalso, Maria Antonieta, acidentalmente, pisou no pé do carrasco Sanson. De imediato, ela murmurou suas últimas palavras: "Senhor, peço desculpas; foi sem querer". [*Monsieur, je vous demande excuse, je ne l'ai pas fait exprès.*] Maria Antonieta comprova que, sim, podemos pertencer sem constrangimento à espécie humana.

ê Uma sensação nos acomete quando visitamos os cenários da infância: eles são muito menores do que os retidos pela memória. Os tetos são baixos; as janelas, exíguas; os corredores, breves; os pátios, pequenos, as pessoas, mesquinhas. Está certo, deve ser assim. Precisamos seguir em frente, sem as pequenas e constrangedoras prisões do passado.

ê Um brasileiro lutou nas tropas napoleônicas. Chamava-se Caetano Lopes de Moura, era baiano e escreveu sua autobiografia. Uma tarde, na Place Vendôme, há uma parada militar. Ele está lá. Depois de um patriótico discurso, Napoleão passa em revista a tropa. Caetano Lopes de Moura adianta-se, perfila-se e, depois de prestar continência ao Imperador dos franceses, ao vencedor de Austerlitz e de Wagram, ao destronador de reis, ao transformador do mapa da Europa e fundador de dinastias, o que faz, nosso conterrâneo?

Ele pede um emprego.

ê Há uma dama norte-americana que sabe de cor *O mundo de Sofia*. Perguntaram-lhe o porquê dessa raridade.

Ela respondeu que decorara o livro apenas para exercitar a memória e que, segundo os médicos, nunca sofrerá do mal de Alzheimer.

A idade opera uma dilapidação em nossas lembranças. Nomes que falham, números que desaparecem. Por sorte, quanto mais tempo passa, mais a pessoa sente a impressão do *déjà vu*. É um gato que cruza por uma porta. Eu já vi aquilo? Quando? Será que já vi? É a curiosa forma de o cérebro criar memórias no lugar das que perdemos.

O gato, esse, ficou para sempre.

CAPÍTULO II

DA ALMA.

⁍ Violinos, violoncelos, violas e contrabaixos têm uma *alma*. É uma invisível haste cilíndrica de madeira, dentro do instrumento, que une o tampo ao fundo. Uma sabedoria do fabricante.
Sem a alma, o instrumento não soará.
O som morrerá antes de atingir nossos ouvidos.
O som, mesmo belo e carregado de intenções, estará perdido para sempre.

⁍ *Alma* também é a estrutura em ferro ou madeira em torno da qual a escultora realiza seu trabalho de modelagem.
Sem a alma, não haverá sustentação para a escultura. A escultura simplesmente desandará, transformando-se num monte de argila ou gesso.

ଛ Alma é o que fica escondido. Ao mesmo tempo, e por definição, é imortal.

Perturbador: o eterno obrigatoriamente deve estar às ocultas.

O aparente, o que se mostra aos olhos, será perecível como nosso avô. Mesmo sem conhecermos Heidegger, julgávamos nosso avô um ser destinado à morte. Difícil era pensarmos na existência de uma alma em seu corpo tão frágil, tão doente.

ଛ Desalmado é quem não ressoa ao ser tocado.

É quem sucumbirá a uma grande dor ou a uma insuportável alegria.

ଛ Homero pensava o ser humano com duas almas; uma, o *thymós* [θυμός] pertence ao mundo, que é composto pelo sangue e pelo hausto de ar que respiramos. É o *thymós* que nos faz pertencentes a este mundo, que nos faz enraivecer, por exemplo.

A outra alma, a *psychè* [ψυχη], é tempestuosa e severa. Longe de ser uma luz da luz, é uma sombra. Ela se refere à morte. Ela acompanha o homem ao Hades. Os deuses não possuem a *psychè*, porque não morrem. É a *psychè* que estabelece a diferença entre os homens e os deuses.

Foi esse elaborado pensamento que fez Homero escrever a *Odisséia*. Epicuro, que pregava a mortalidade da alma pela dissolução da matéria, legou-nos apenas o dúbio adjetivo "epicurista".

&- O que pensará o violino, acerca dessas metafísicas, o violino, com sua frágil alma, que se reduz a um cilindro de madeira?

CAPÍTULO III

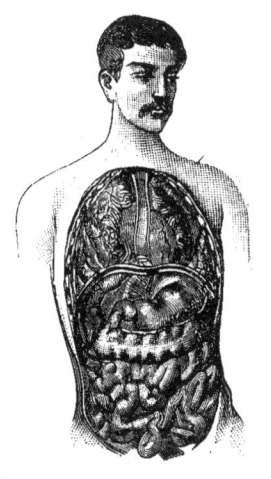

Dos males corpóreos.

ꝏ Quem sofre do *Tinnitus Aurium*, o zumbido permanente nos ouvidos, pode considerar-se solidarizado por duas personagens ilustres: Teresa de Ávila incomodava-se... *por tener la cabeza tres meses ha con un ruido...*, como escreveu em *As moradas ou castelo interior*. A outra foi Josefina de Beauharnais, em certo momento de sua vida a Imperatriz da França; sofria com seu terrível *bourdonnement d'oreille*. Ambas mulheres ilustres, ambas transformadoras de seu tempo, perturbavam-se com esse fato tão menor, tão vil e, no entanto, tão insuportável. Uma santa e uma imperatriz: ninguém escapa de alguma doença.

Nem daquela, a Definitiva.

ꝏ Dizem que Charles Chaplin teve morte maravilhosa porque morreu dormindo. Morrer dormindo é nunca experimentar, em vida, a idéia do infinito.

É uma injustiça quando um homem banal percebe a morte penetrando seu corpo: sentirá pavor, e só. Assim aconteceu com Ivan Ilitch. Quanto a mim, quero ver a face da morte, saber como ela é. Depois, que ela faça o que deve. Será apenas um momento.

    ❧ Todos se preocupam com Ela. Mas, a pensar conforme Heidegger, em *Ser e tempo* [*Sein und Zeit*], ninguém acredita que vai morrer. "A morte acontece às pessoas", penso; na verdade, quando digo "às pessoas", sorrateiramente me subtraio dessa generalidade. Todos morrem – mas isso não significa que eu esteja incluído na regra. Em resumo: não há uma relação lógica de causa e efeito entre a morte de todos e a minha própria morte.

    Pobres homens, que tentam de todas as formas, inclusive as filosóficas, negar a única certeza da vida, seja a de uma árvore, seja a de um camundongo. Isso acontece porque jamais nos consideramos no mesmo plano de um camundongo ou de uma árvore.

    Eis a fonte de todos os males, especialmente dos futuros.

    ❧ A lenda japonesa diz que o sábio, toda manhã, saudava o mar: "Como és belo, ó mar! Que me concedas a felicidade de achar-te belo amanhã".

    A lenda evoca o velhinho literário que, depois de tomar café com os seus amigos, separava algumas moedas e as punha em outro bolso. Certa vez, explicou que aquelas moedas serviriam para pagar o café do dia seguinte. Era uma chantagem contra o inevitável.

Estamos sempre a assegurar o novo dia. Marcamos a hora no despertador, revisamos nossa agenda e colocamos os chinelos um ao lado do outro.

Um dia, nada disso funcionará.

~ Sem angústias, entretanto: Brás Cubas, no Outro Lado, ainda teve *fairplay* suficiente para escrever uma autobiografia.

CAPÍTULO IV

Do vôo.

❧ Ícaro quis voar, fabricando para si asas de cera. Quis subir, subiu ao céu. Ao aproximar-se do sol, o calor derreteu-lhe as asas. A queda não foi um momento horrível. O sentimento mais pungente, enquanto caía, não era o pavor da morte logo ali, mas o desconsolo dos que falham em seus sonhos.

Desde então se soube que sair do solo era muito perigoso, em especial quando há um sol tão inexorável.

❧ Um homem fez asas de pano, negras, para si.

Era alfaiate e vivia em Paris. Chamou a todos para assistirem a seu vôo. Iria projetar-se do cimo da Torre Eiffel. Todos foram, também os cinegrafistas.

Ele vestiu terno e gravata. Armou, às costas, seu engenho de pano, o qual se prolongava pelos braços. Era uma imensa ave negra. Ele olhou para todo aquele povo. Ensaiou

jogar-se, vacilou, teve uma vertigem. Recuou ante o fascínio do abismo. Quando todos começavam a duvidar de sua coragem, e só por isso, ele se jogou. Esquecido das leis da aerodinâmica, foi ao chão como uma pedra num lago.
Por sobre ele, as negras asas de pano.

    ❧ Em seu aeroplano feito de seda e bambu, Santos Dumont voava pelas ruas de Paris como se dirigisse um automóvel. Assim visitava seus amigos. Deu, ao aeroplano, o gentil nome de *Demoiselle*.

    Um dia, cansou-se daquilo tudo, do dinheiro gasto, da fama. Ele, que tornou real o esforço humano para voar, achou que seu destino não podia resumir-se apenas a isso. Deixando a frívola cidade, veio acalmar seus pesadelos no útero da pátria. Em vão.

    Tudo ficou-lhe insuportável.

    Num dia de Petrópolis, fez o último vôo.

    ❧ O homem vive cercado pela natureza. Ele a vê, ele se deslumbra com ela, ele a classifica, ele a põe no museu, ele a devora. Ele a digere.

    Ele, com os elementos e as forças da natureza, constrói monstros metálicos que voam e às vezes se despedaçam no solo. Na última ocasião em que isso aconteceu, ali dentro ia uma jovem. Ela gostava de ler. Era aluna de Letras. Queria ser escritora, mesmo que lhe dissessem como era dura essa vida. Tinha um olhar sábio, mesmo jovem.

    Não viu nada. Não sentiu nada. Um pálido consolo aos que ficam.

Para além dos livros, das palavras, parágrafos e capítulos, para além dos romances, para além de Homero e Cervantes, para além de tudo isso que existe como vaidade dos homens, Raquel agora sabe que há Algo muito superior, e que vence as eras e todas as literaturas.

CAPÍTULO V

DO RESPIRAR.

≈ A inalação do ar significa uma nova oportunidade de viver, sempre desejada, sempre repetida.
Enquanto um homem não inspira, não tem certeza de estar vivo no próximo segundo.
Há uma breve morte entre o inspirar e o exalar.

≈ Quando alguém inspira, é possuído de uma ventura semelhante à do artista; por isso, concedemos ao artista a faculdade de inspirar-se. O verbo *inspirare* possuía essas duas possibilidades: a de encher os pulmões de ar ou de inundar a alma do espírito criador.
Quem não é artista, ou é insensível à arte, é como se estivesse em permanente estado de expiração.

≈ Para os romanos antigos, o choro primordial do

bebê, decorrente do primeiro hausto de ar, marcava o nascimento.
Os pulmões eram mais importantes que o coração. Eram os pulmões que permitiam a recitação harmoniosa do *Ars amatoria*.

☙ Foi tradição, até pouco tempo, aproximar um espelho às narinas da pessoa que se imaginasse morta. Se estivesse mesmo morta, o espelho não se embaciava: refletia, em sua limpidez de prata, o rosto que começava a imobilizar-se no *rigor mortis*. O espelho, o instrumento sensual da vaidade e da vida, assim mudava sua natureza: transformava-se em árbitro da morte.

☙ Os harmônios e os órgãos soam suas músicas porque há um fole que leva a corrente de ar pelos dutos. Através desses dutos, o ar atinge as palhetas ou os tubos. Dá-se a música.
A música representa a vida de um órgão ou de um harmônio. A música desses instrumentos depende da existência dos foles. Os foles são seus pulmões. Se um organista diz: "Minha vida é a música", ele diz algo muito maior do que possa imaginar.
Nossos pulmões também projetam o ar, o qual dá vida à flauta, ao saxofone, à clarineta, ao oboé, ao fagote, às trompas, aos trombones, às tubas, aos flautins e a toda essa família de instrumentos que depende de nossos pulmões.
Um músico de instrumento de sopro tem, assim, um respirar que se projeta na eternidade.

CAPÍTULO VI

DO CORPO.

&∼ Nosso corpo é nosso estranho.

É um outro que não dominamos. Ele nos constrange, nos envergonha, nos perturba. Mesmo o atleta desconfia de seu corpo. O atleta suspira, não pelo que é agora, mas pelo que será dentro de dez anos.

Nosso corpo é exigente e diário. Ele nos falha no declínio do domingo e nas pastosas manhãs da segunda-feira.

Nascemos com o corpo, morremos com ele. Ele decide o momento de nossa morte, assim como o instante de enxergarmos a luz pela primeira vez. Em seu vagar, ele é uma futilidade.

Temos um diálogo impossível com nosso corpo. Enquanto ele fala de sangue, hormônios, ossos, músculos e órgãos, nós falamos da alma.

Estamos sempre em desvantagem: a mais severa teoria

metafísica pode acabar por um instável coágulo que sai da perna e chega ao cérebro.

👁 Jovens, pegávamos a pesada mala e a colocávamos no bagageiro. Era uma operação que não passava pelo espírito. Era um gesto soberano do corpo. Hoje, temos de pensar antes disso.

👁 Decimus Junius Juvenalis estava certo o dizer: *mens sana in corpore sano*. Se nosso corpo está enfermo, e não colaboramos para essa decadência, para esse tumor, para esse câncer, para esse cálculo renal, para essa cárie, para esse enfisema e esse enfarte, a mente sadia serve-nos para quê? O contrário, porém, não é verdadeiro: um corpo sadio dar-nos-á tempo para, *talvez*, recuperar a mente da Sombra.

👁 A dor nos órgãos internos é um enigma maior do que o corpo. Se existe o corpo, existe a dor. O médico disse: a dor é sinal de que algo não está bem com nosso corpo. Hoje podemos entender. Mas o que pensaria o homem das cavernas, sem CTI, sem dolantina, sem cirurgias, sem o emplastro Brás Cubas? A dor apenas existia, apenas fazia sofrer.

De que serve a dor da baleia na imensidão escura das águas marítimas?

Pode-se concluir que a dor é uma invenção dos espíritos não-refinados: para os escritores, a dor corporal não existe. Ela é, sempre, uma simples metáfora. Eis um desperdício de talento literário.

ꙮ Aquilo que nosso olhar alcança de nosso corpo são as partes mais embaraçosas. É que os olhos são feitos para olharem para as outras pessoas.

Olhar-se, em sua conjugação pronominal, é uma obscenidade. Surgiu com a invenção dos espelhos.

As academias de ginástica, por exemplo, possuem imensos espelhos.

CAPÍTULO VII

DO DESEJO.

꙳ O desejo é prova de nossa finitude, de nossa contingência, de nossa materialidade.
Se eternos, não desejaríamos nada. Aguardaríamos.
Pelo desejo lutamos toda a vida. Felicité, de *Um coração simples* [*Un coeur simple*], dada como exemplo do não-desejo, é a personagem mais cobiçosa de toda a literatura.
Ela desejava, com toda a sua alma, não desejar nada.
Consumia-se nesse desejo.

꙳ Dois dinossauros lutaram até a morte. Sessenta e sete milhões de anos depois, o cientista os encontrou. Estavam unidos por um abraço feroz.
Transformados em esculturas de pedra, imobilizaram-se em seu desejo de sobrevivência.

Hoje estão num ignorado museu de um país da Europa central. Estão cobertos pela poeira. Mas o desejo ali está, imóvel e dramático.

෴ Mozart, vítima da ingratidão e da frivolidade dos vienenses, perseguido pelas dívidas, caminhava pelo Prater. Mozart era assolado por um tempestuoso desejo de morte. O suposto emissário alcançou-o, encomendando-lhe o Réquiem.

Mozart aceitou de imediato o pedido.

Passou então a ocupar-se com outro desejo, soturno: escrever logo e terminar logo o Réquiem que, assim o pensava, serviria para ornamentar suas próprias exéquias.

Faleceu poucos meses depois, sem concluir o trabalho; ainda na véspera, dissera à cunhada: sinto o gosto da morte em minha boca.

Esse gosto ainda sentimos ao escutar seu Réquiem.

Seu desejo mortal ainda vive, suspenso para sempre no oitavo compasso do *Lacrymosa*.

෴ Napoleão I teve o desejo de conquistar a Europa.

Seu último desejo foi que seu médico Antomarchi lhe fizesse uma minuciosa autópsia. Desconfiava de que o teriam envenenado.

O desejo final de Napoleão I foi uma incisão no seu corpo, em forma de Y, e a exposição de suas vísceras perante a História.

☙ O desejo do sonhador é o de inventar um sistema. Do cozinheiro, achar o ponto da calda. Do astrônomo, descobrir o cometa que levará seu nome. Do escritor, o de escrever o livro que transformará o mundo.

A esses desejos entrelaçados podemos chamar, por experiência conceitual, de cultura.

CAPÍTULO VIII

DA SABEDORIA.

❧ A sabedoria é falha. A sabedoria não possui todas as respostas ao nosso não-saber. Sempre há um espaço para o desconhecimento, para a precariedade, para o ridículo. Sempre há um espaço para nossa pedestre ignorância.

❧ Desde os começos das artes visuais, os sábios são representados como homens velhos. Platão, Aristóteles. Também no extremo Oriente. Em Roma, em especial: os romanos gostavam mais dos sábios do que os gregos. Talvez porque os romanos fossem *parvenus* e precisassem de um passado.

Já os egípcios, que não concebiam a velhice, por isso mesmo não tinham sábios. Nenhuma pintura mural, nenhum baixo-relevo, nenhuma estela ou obelisco dos egípcios representa um velho.

Entre os egípcios, homens e mulheres da bela e eterna juventude, sábios eram apenas os deuses. Eles, os deuses, é que falavam desde suas culminâncias metafísicas, exortando, advertindo, ameaçando, premiando, aconselhando.

Aos homens, a compensar a vida breve, os deuses davam uma perpétua e jovialíssima ignorância.

A felicidade dos egípcios era esta: os deuses, sábios, pensam por nós.

ꙮ "O diabo não é sábio por ser diabo, mas por ser velho". "Quanto mais velho, mais sábio" – eis algumas falácias.

À maioria dos velhos, a velhice resulta apenas em queixas; não adquiriram a sabedoria necessária para entender o tempo.

Dores variadas e inexplicáveis, incapacidade de subir escadas, varizes, insônia, fraqueza nas pernas e nas lembranças, astenia sexual – um rol que deveria ser banido das queixas dos velhos, se verdadeiramente sábios.

São poucos.

ꙮ Quando afirmam: "O velho Borges dizia que...", essa nobilitante antecedência do adjetivo ao substantivo próprio já significa uma sabedoria necessariamente intrínseca à idade, esse dislate.

Ninguém afirma: "O velho Borges só dizia besteiras".

ꙮ O verdadeiro sábio não desconhece que seus juízos são provisórios; que suas sentenças são precárias; que suas palavras são relativas; que seus dentes caem; que sua lógica é frágil.

O verdadeiramente sábio desconhece o ponto de congelamento da água.

CAPÍTULO IX

Do costume.

୬୦ Aquele homem acostuma-se às primeiras pintas que lhe aparecem nos dorsos das mãos. Acostuma-se aos degraus das escadas a cada dia um pouco mais penosos. Acostuma-se a pôr o jornal mais distante dos olhos, a respirar com mais calma, a perdoar a ignorância e, até, a insensatez alheia e as próprias.

São esses pactos com a vida a melhor dissimulação da finitude.

୬୦ Nada convence aquele homem de que o dia seguinte irá transformá-lo. Aquele homem pensa ser o mesmo de ontem. Entretanto, algo de pequeno aconteceu-lhe na noite passada, algo quase imperceptível – mas inexorável e único, que transtornou sua vida.

Aquele homem acostuma-se às mínimas fatalidades que encaminham sua existência para o seu natural fim.

❧ O dia que passa é um gato que dorme ao sol do verão.
É uma árvore sacudida pelo vento da primavera austral.
O dia que passa é um riacho que corre sem pressa. Por mais lento que corra, acabará no mar.
Tudo isso a que nos acostumamos – o riacho, a primavera, o sol, esses movimentos e pausas – é destinado ao esquecimento.
No entanto, são coisas assombrosas.

❧ O célebre pintor Louis David passou à história da arte também por seu péssimo caráter.
Sua arte era insolente, perfeita, gélida, magnífica.
Velho, no exílio, ele aponta a bengala para uma obra alheia. Avalia-a perante um discípulo. É uma tarde fria, próxima do Natal. Louis David desdenha: "Muito escuro. Muito claro. A gradação da luz não está bem expressa".
Empalidece, deixa cair a bengala.
Tomba.
Alguém, apenas para cumprir a formalidade obsequiosa ante os mortos, ausculta-lhe o coração.
Louis David, de tão acostumado à arrogância, esquecera-se de seu coração, incapaz de intimidar-se ante a glória.

❧ E nós? E nós, que não nos acostumamos à nossa exclusiva vergonha?

CAPÍTULO X

Dos desconhecidos.

 ~ Há pessoas que encontramos apenas uma vez na vida. Temos certeza de que nunca mais iremos vê-las. O desconhecido, que o passar dos minutos transforma-se em conhecido, de inopino desaparece para todo o sempre. É como se nunca tivesse existido.

 ~ Inverno. É noite e chove. É Alegrete, é o pampa. Estás na rodoviária, dentro do ônibus aquecido. Estás à janela do ônibus. Vês, lá fora, um gaúcho, cigarro de palha entre os dentes, protegido por um poncho. O gaúcho está encostado à parede. O ônibus está com o motor ligado. Os pingos da chuva traçam riscos fugazes na janela.

O ônibus parte. Tu te aconchegas à poltrona.

Sabes que nunca mais, mesmo que passem séculos, tu nunca mais verás esse gaúcho.

E, no entanto, ele continuará a viver por seus próprios meios.

❧ Estás num teatro de Praga, assistindo ao *D. Giovanni* interpretado por fantoches. Acostumas o olhar ao escuro e concentras-te no espetáculo. Quando o Il Dissoluto canta o delicadíssimo *La ci darem la mano*, tu escutas o desdobrar de um papel de chocolate, duas filas atrás. Com indignação, tu fixas um senhor, visivelmente turista nórdico.
Os dois olhares se encontram.
O turista nórdico baixa os olhos.
Ah, não se deve olhar com indignação a quem jamais veremos outra vez.

❧ Atrasado, procuras uma capela funerária no cemitério São Miguel e Almas. Examinas o quadro de avisos, localizas o velório desejado – "desejado" não é a melhor palavra. Sobes correndo as escadas, projetas-te para dentro da capela. Poucas pessoas, ninguém que conheças. O féretro está lacrado. Aproximas-te de uma senhora e perguntas, sem jeito, se a pessoa dentro do féretro é o Gomes. "Não, é o Freitas" ela sussurra. Tu agradeces e sais estabanado dali, morto de vergonha – "morto" não é a melhor palavra.
Aquela senhora tu nunca mais a verás.
Ela ficará perdida no tempo.
Mesmo que voltes ao cemitério mil vezes, nunca mais terás notícias dessa senhora.

๛ Há um acidente de trânsito. Os costumeiros insultos, as injúrias. Tu, a trabalho na cidade, olhas aquilo. Interessas-te por aquele senhor que, na aparência, é um avô, um funcionário. O contendor é um jovem que roubou o carro do pai para dar um passeio com a namorada. Interessas-te pela jovem e, inexplicavelmente, pelo gorro de lã, azul, que ela usa. Depois de um minuto, segues adiante. Logo terás teu pensamento dedicado às coisas que precisas fazer.

Mas aqueles dois no trânsito, aqueles que te interessaram tanto, desaparecerão na eternidade.

Por outro lado, é inquietante que venhas a pensar-te como objeto de esquecimento: o fugaz olhar alheio também te remete ao fim dos tempos.

Quando, num texto, se encontram palavras repetidas e que, tentando corrigi-las, nós as achamos tão adequadas que estragaríamos o texto [corrigindo-as], é melhor deixá-las como estão (...). Nessas circunstâncias, a repetição não será um erro: não há regra geral.
Pascal, fragmento 452.

Quand dans un discours se trouvent des mots répétés et qu'essayant de les corriger, on les trouve si propres qu'on gâterait le discours, il faut les laisser (...), cette répétition n'est pas faute en cet endroit; car il n'y a point de règle générale.
Pascal, fragment 452.

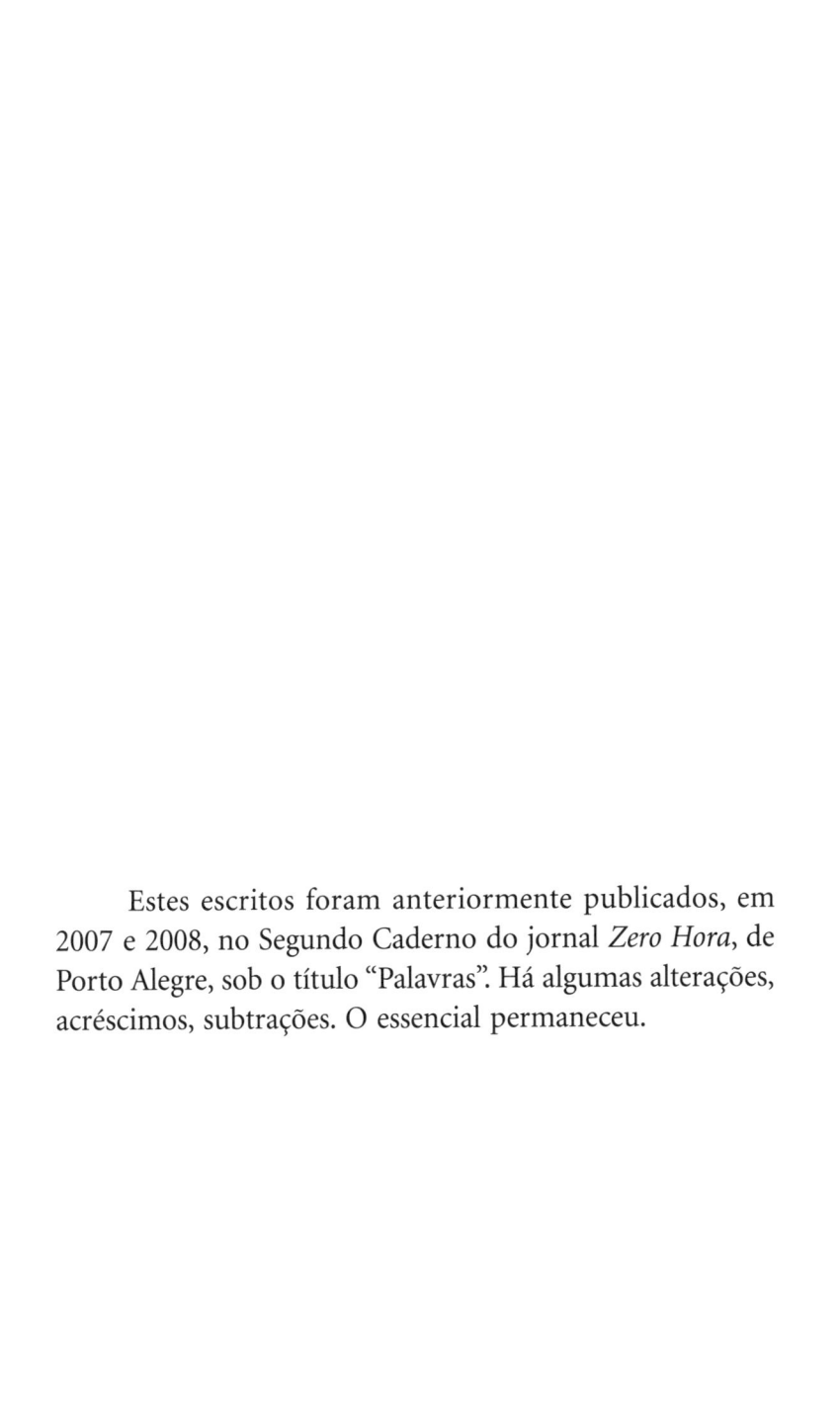

Estes escritos foram anteriormente publicados, em 2007 e 2008, no Segundo Caderno do jornal *Zero Hora*, de Porto Alegre, sob o título "Palavras". Há algumas alterações, acréscimos, subtrações. O essencial permaneceu.

LIVROS DE LUIZ ANTONIO DE ASSIS BRASIL PELA L&PM EDITORES

Breviário das terras do Brasil (Coleção L&PM POCKET)
Concerto campestre
A margem imóvel do rio
Música perdida
O pintor de retratos

Consulte
www.lpm.com.br
o site que conta tudo

LANÇAMENTOS DA L&PM EDITORES:

30 fábulas contemporâneas para crianças – Sérgio Capparelli
Amar ou depender? – Walter Riso
Ao sul de lugar nenhum – Charles Bukowski
Correspondência – Anna e Sigmund Freud
Delírios cotidianos – Charles Bukowski e Matthias Schultheiss
Doce paraíso – Sergio Faraco
Doidas e santas – Martha Medeiros
Dolce agonia – Nancy Huston
Duas águas – Luís Augusto Fischer
Espelhos – Eduardo Galeano
História dos Treze – Honoré de Balzac
Os homens (às vezes, infelizmente) sempre voltam – Penélope Parker
Humor politicamente incorreto – Nani
Incesto – Anaïs Nin
Lendas medievais – Carmen Seganfredo e A. S. Franchini
Marcas de nascença – Nancy Huston
Meu guri – David Coimbra
Noite de matar um homem – Sergio Faraco
On the Road – o manuscrito original – Jack Kerouac
O pão e a esfinge seguido de *Quintana e eu* – Sergio Faraco
Por que não sou cristão – Bertrand Russell
As revoluções de Ferran Adrià – Manfred Weber-Lamberdière
Sartre – uma biografia – Annie Cohen-Solal

L&PM SÉRIE OURO:

William Shakespeare – obras escolhidas
Machado de Assis – Dom Casmurro, Memórias póstumas de Brás Cubas e Quincas Borba
Livro dos poemas

GRÁFICA EDITORA
Pallotti
IMAGEM DE QUALIDADE

Santa Maria - RS - Fone/Fax: (55) 3220.4500
www.pallotti.com.br